よくわかる
学級ファシリテーション・テキスト

ホワイトボードケース会議編

岩瀬直樹・ちょんせいこ

解放出版社

P22〜P23 完成イメージの1例!!

練習問題①
ホワイトボードケース会議では情報を可視化しながら進めます。可視化した情報は最終的には、こんな感じになります。

祖父（60代？）
1. 厳格なイメージ
2. 地域の役員など引き受けている

父（25歳）
④② 1. 4年の終わり頃に再婚 ?
2. 母の職場に来たお客さん
3. 年のお別れ会行事の時、参加していた
4. 今年の運動会は来てない
5. 仕事は？
② 6. Aは、あまり父のことを話さない ?

②'情報がないので、それとなく集める（学年代表、クラブこもん）(担任)

実父（？歳）
1. Aが5歳の頃に離婚したらしい
2. 今も交流があるかどうかは？
③② 3. Aは「私は父親似」と言うときがある ?
4.
5.

⑨ ドキドキワクワクの チャレンジ
① 会社活動でほめまくる
② 振り返りジャーナルで好きなことやエヴァイルの話をかける
③ 授業の中で工夫（理科や家庭科）

Aちゃん（小5）
両親と同居
3人暮らし
成績 4/10 程度
授業集中が悪くなり
成績が落ちている
7/10 → 4/10

〈担任が困ること〉
1. AがBにメールを送ること
2. Aと男子がもめること
3. 授業中、Aが気になる
4. クラスの雰囲気悪い
5. 母と連絡とれない

②'Bの活躍を一緒にへらすように話す(担任)

Bの母（？歳）
1. 母親から学校への連絡でメール事件発覚
2. 学校で対応してほしいと要望
3. 話し合いの結果を伝えたら、了解していた
4. しかし家では激しかったらしい

⑧ 最高：女子とも男子とも仲良くなり、クラスで落ち着いて過ごす。Bとも仲よくなり、成績もあがる

〈Aちゃんの困ること〉
1. 母の再婚、職場復帰でさみしい
2. おばあちゃんの入院で不安
3. Bをはじめ女子とうまくいかない
4. 新しい父とうまくいかない？
5. 成績落ちてる
6. 死にたいと言いたくなるほどさみしい

Bちゃん（小5）
1. 活発な女の子
2. 今年の運動会は応援団立候補予定
⑥ 3. 合唱コンクールも中心になって引っ張る
⑤ 4. 普段はAとは、つかず、離れず
5. 自由曲を決めるときに、最後Aと競った
6. 結局、Bの提案した曲に多数決で決定
7. そのことでAが恨んでると言う
8. 2週間前のメールのとき、母親に相談
9. Aから2日前に再度、メールがきた
10. 「ちくるな」と言うメールがきた
11. 母親に相談できず
12. 担任のところに、相談にきた

⑩ Aは今調子が悪いので、かかわりをへらすように話す(担任) Aさんが気になってしまう(担任)

大丈夫と伝える(担任)
⑬ どちらがよいか Bに相談(担任)

Bがよく頑張っていることにポジティブなフィードバックを⑪返す(担任)
④ OK OK!

⑫ クラスのみんなも死ね！と思ってないことを伝える(担任)
ホントに死ね！と思ってない

7. 母に甘えられない？

⑧ 最低：クラスの中で更に孤立し、成績も下がり 力でクラスを支配するか？パワーがなくなり 遅刻や早退が増え、教室や学校から離れてしまう。

家族の相関図はいろいろな書き方があります。ホワイトボードケース会議はこのように書きます

©『よくわかる学級ファシリテーション・テキスト－ホワイトボードケース会議編』

アセスメント支援スケール⑧〜⑩は青文字を書き、通し番号をつけています！

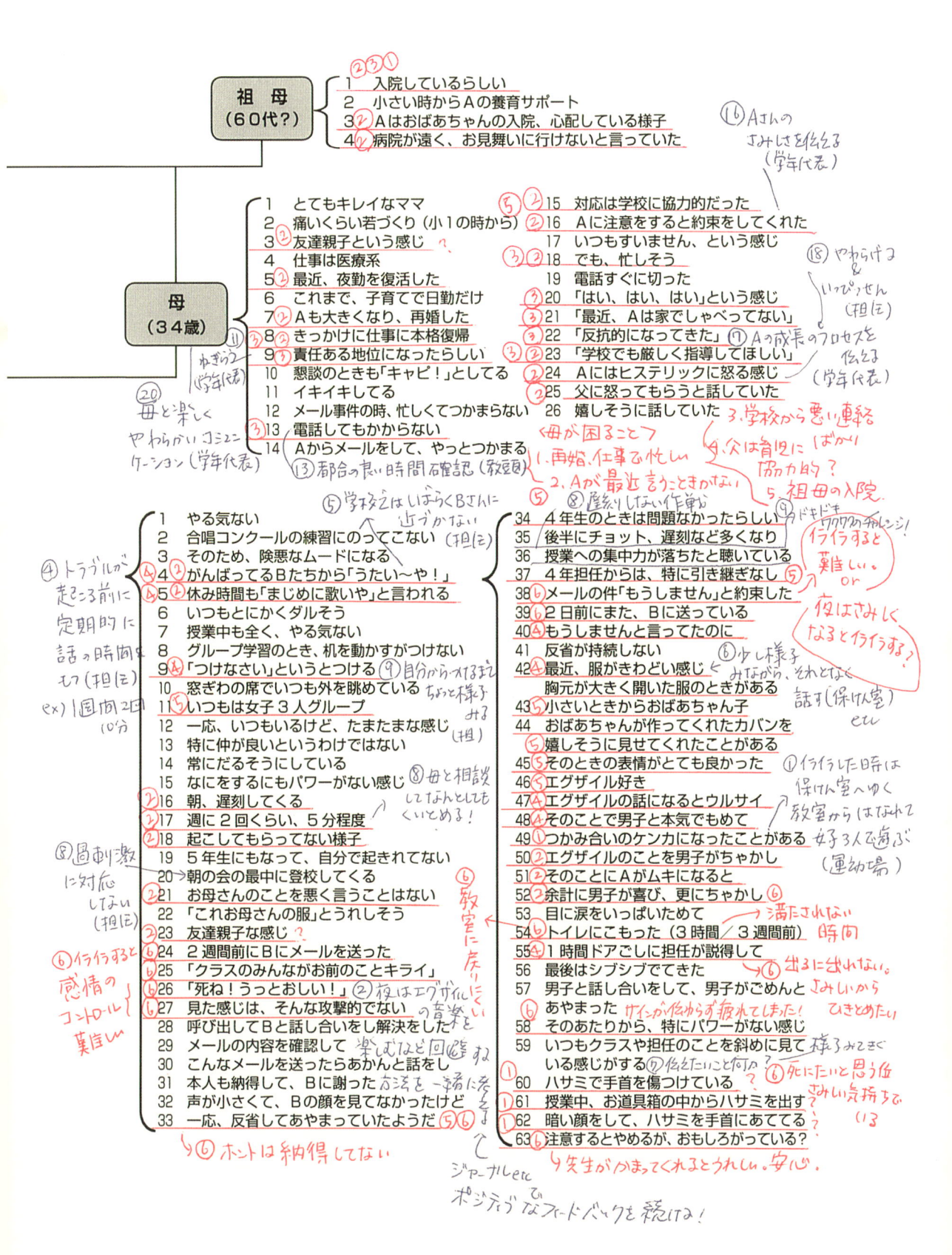

祖母（60代？）

1. 入院しているらしい
2. 小さい時からAの養育サポート
3. Aはおばあちゃんの入院、心配している様子
4. 病院が遠く、お見舞いに行けないと言っていた

母（34歳）

1. とてもキレイなママ
2. 痛いくらい若づくり（小1の時から）
3. 友達親子という感じ ?
4. 仕事は医療系
5. 最近、夜勤を復活した
6. これまで、子育てで日勤だけ
7. Aも大きくなり、再婚した
8. きっかけに仕事に本格復帰
9. 責任ある地位になったらしい
10. 懇談のときも「キャピ！」としてる
11. イキイキしてる
12. メール事件の時、忙しくてつかまらない
13. 電話しても全くかからない
14. Aからメールをして、やっとつかまる
15. 対応は学校に協力的だった
16. Aに注意をすると約束をしてくれた
17. いつもすいません、という感じ
18. でも、忙しそう
19. 電話すぐに切った
20. 「はい、はい、はい」という感じ
21. 「最近、Aは家でしゃべってない」
22. 「反抗的になってきた」
23. 「学校でも厳しく指導してほしい」
24. Aにはヒステリックに怒る感じ
25. 父に怒ってもらうと話していた
26. 嬉しそうに話していた

書き込みメモ（母）

- Aさんのよさを伝える（学年代表）
- やわらかく、いっぴきせん（担任）
- Aの成長のプロセスを伝える（学年代表）
- 母と楽しくやわらかいコミュニケーション（学年代表）
- 都合の良い時間確認（教頭）
- 母が困ること？
  1. 再婚、仕事も忙しい
  2. Aが最近言うときがない
  3. 学校から悪い連絡
  4. 父は育児にばかり協力的？
  5. 祖母の入院

A（本人）

1. やる気ない
2. 合唱コンクールの練習にのってこない
3. そのため、険悪なムードになる
4. がんばってるBたちから「うたい～や！」
5. 休み時間も「まじめに歌いや」と言われる
6. いつもとにかくダルそう
7. 授業中も全く、やる気ない
8. グループ学習のとき、机を動かすがつけない
9. 「つけなさい」というとつける
10. 窓ぎわの席でいつも外を眺めている
11. いつもは女子3人グループ
12. 一応、いつもいるけど、たまたまな感じ
13. 特に仲が良いというわけではない
14. 常にだるそうにしている
15. なにをするにもパワーがない感じ
16. 朝、遅刻してくる
17. 週に2回くらい、5分程度
18. 起こしてもらってない様子
19. 5年生にもなって、自分で起きれてない
20. 朝の会の最中に登校してくる
21. お母さんのことを悪く言うことはない
22. 「これお母さんの服」とうれしそう
23. 友達親子な感じ ?
24. 2週間前にBにメールを送った
25. 「クラスのみんながお前のことキライ」
26. 「死ね！うっとおしい！」
27. 見た感じは、そんな攻撃的でない
28. 呼び出してBと話し合いをし解決をした
29. メールの内容を確認して
30. こんなメールを送ったらあかんと話をし
31. 本人も納得して、Bに謝った
32. 声が小さくて、Bの顔を見てなかったけど
33. 一応、反省してあやまっていたようだ
34. 4年生のときは問題なかったらしい
35. 後半にチョット、遅刻など多くなり
36. 授業への集中力が落ちたと聴いている
37. 4年担任からは、特に引き継ぎなし
38. メールの件「もうしません」と約束した
39. 2日前にまた、Bに送っている
40. もうしませんと言ったのに
41. 反省が持続しない
42. 最近、服がきわどい感じ 胸元が大きく開いた服のときがある
43. 小さいときからおばあちゃん子
44. おばあちゃんが作ってくれたカバンを
45. 嬉しそうに見せてくれたことがある
46. そのときの表情がとても良かった
47. エグザイル好き
48. エグザイルの話になるとウルサイ
49. そのことで男子と本気でもめて
50. つかみ合いのケンカになったことがある
51. エグザイルのことを男子がちゃかし
52. そのことにAがムキになると
53. 余計に男子が喜び、更にちゃかし
54. 目に涙をいっぱいためて
55. トイレにこもった（3時間／3週間前）
56. 1時間ドアごしに担任が説得して
57. 最後はシブシブでてきた
58. 男子と話し合いをして、男子がごめんとあやまった
59. そのあたりから、特にパワーがない感じ
60. 今のクラスや担任のことを斜めに見ている感じがする
61. ハサミで手首を傷つけている
62. 授業中、お道具箱の中からハサミを出す
63. 暗い顔をして、ハサミを手首にあててる
64. 注意するとやめるが、おもしろがっている？

書き込みメモ（A）

- トラブルが起こる前に定期的に話の時間をもつ（担任）ex) 1週間2回10分
- 学校ではしばらくBさんに近づかない（担任）
- 自分からつける様にちょっと様子みる（担任）
- 母と相談して、なんとしてもくいとめる！
- 周刺激に対応してみる（担任）
- イライラすると感情のコントロール難しい
- イライラした時は保けん室へゆく。教室からはなれて
- 好き3人で遊ぶ（運動場）
- 少し様子みながら、それとなく話す（保けん室）etc
- 満たされない時間
- 出るに出れない。みいから、ひきとめたい
- サインが伝わらず疲れてしまった
- 死にたいと思う位、さみしい気持ち
- 先生がかまってくれるとうれしい。安心。
- ジャーナル etc ポジティブなフィードバックを続ける！
- 伝えたいこと何？
- ホントは納得してない
- ドキドキワクワクチャレンジ！イライラすると難しい
- 夜はさみしくなるとイライラする！
- 方法を一緒に考える

P82~P83 完成イメージの1例!!

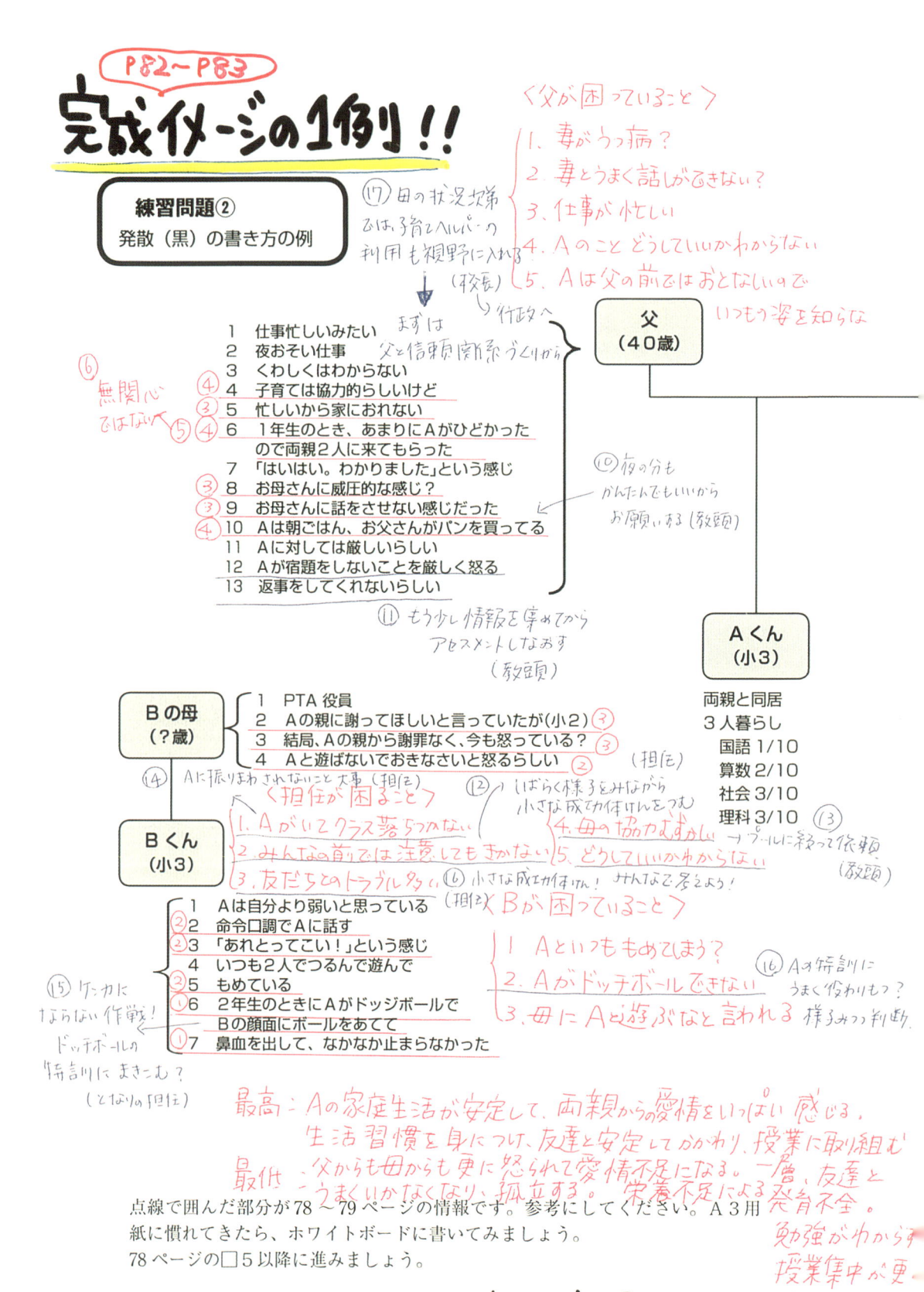

練習問題② 発散（黒）の書き方の例

⑰ 母の状況次第では子育てヘルパーの利用も視野に入れる（校長）→行政へ

〈父が困っていること〉
1. 妻がうつ病？
2. 妻とうまく話ができない？
3. 仕事が忙しい
4. Aのこと どうしていいかわからない
5. Aは父の前ではおとなしいので いつもの姿を知らない

父（40歳）

まずは父と信頼関係づくりから

1. 仕事忙しいみたい
2. 夜おそい仕事
3. くわしくはわからない ④
4. 子育ては協力的らしいけど ③
5. 忙しいから家におれない ④⑤
6. 1年生のとき、あまりにAがひどかったので両親2人に来てもらった
7. 「はいはい。わかりました」という感じ
8. お母さんに威圧的な感じ？ ③
9. お母さんに話をさせない感じだった ③
10. Aは朝ごはん、お父さんがパンを買ってる ④
11. Aに対しては厳しいらしい
12. Aが宿題をしないことを厳しく怒る
13. 返事をしてくれないらしい

⑥ 無関心ではない

⑩ 夜の分もかんたんでもいいからお願いする（教頭）

⑪ もう少し情報を集めてからアセスメントしなおす（教頭）

Aくん（小3）
両親と同居
3人暮らし
国語 1/10
算数 2/10
社会 3/10
理科 3/10 ⑬
→プールに絞って依頼（教頭）

Bの母（？歳）
1. PTA役員
2. Aの親に謝ってほしいと言っていたが（小2）③
3. 結局、Aの親から謝罪なく、今も怒っている？ ③
4. Aと遊ばないでおきなさいと怒るらしい ②（担任）

⑭ Aに振りまわされないこと大事（担任）

⑫ しばらく様子をみながら小さな成功体験をつむ 4.母の協力むずかし 5.どうしていいかわからない

〈担任が困ること〉
1. Aがいてクラス落ちつかない
2. みんなの前では注意してもきかない
3. 友だちとのトラブル多い

⑯ 小さな成功体験！みんなで考えよう！（担任）

〈Bが困っていること〉
1. Aといつももめてしまう？
2. Aがドッチボールできない
3. 母にAと遊ぶなと言われる

Bくん（小3）
1. Aは自分より弱いと思っている
2. 命令口調でAに話す ②
3. 「あれとってこい！」という感じ ②
4. いつも2人でつるんで遊んで
5. もめている ②
6. 2年生のときにAがドッジボールでBの顔面にボールをあてて ①
7. 鼻血を出して、なかなか止まらなかった ①

⑮ ケンカにならない作戦！ドッジボールの特訓にまきこむ？（となりの担任）

⑯ Aの特訓にうまく関わりもつ？ 様子みつつ判断

最高：Aの家庭生活が安定して、両親からの愛情をいっぱい感じる。生活習慣を身につけ、友達と安定してかかわり、授業に取り組む

最低：父からも母からも更に怒られて愛情不足になる。一層、友達とうまくいかなくなり、孤立する。栄養不足による発育不全。勉強がわからず授業集中が更に悪くなる

点線で囲んだ部分が78～79ページの情報です。参考にしてください。A3用紙に慣れてきたら、ホワイトボードに書いてみましょう。78ページの□5以降に進みましょう。

アセスメント支援スケール⑧〜⑩は青文字で書き、通し番号をつけています！

〈母が困っていること〉
1. うつ病？　3. 学校からの連絡がマイナス情報ばかり
2. Aの養育しんどい　4. 夫とのコミュニケーション難しい？　5. 信頼できる相談相手いない？

母をキーパーソンとしてアセスメント

母（36歳）

① 1　ネグレクトのよう
③ 2　精神的にしんどい？
③ 3　うつ病と診断？
　 4　子どもの面倒みるのがしんどいよう
　 5　Aくんの宿題忘れで電話しても出ない
③ 6　着信やメッセージに返事がない
　 7　家には固定電話がないらしい
④ 8　電話は4月はOKだった
　 9　ゴールデンウィークあけに30分電話
④10　「宿題を家でやらせる」母は言った
⑤11　その後、しばらく宿題をさせていて
　12　6月れんらくがとれなくなった
　13　拒否されてる感じがする

② 14　プールOKのサインがない
　 15　サインがないと入ることできない　②
　 16　水着も洗ってない。しめったまま
　 17　カピカピになってるときもある
　 18　サインのことで電話するけど、出ない　③
④ 19　調子がいいときもある（A談）
④ 20　水着がちゃんとせんたくしてあるとき
③ 21　月曜日のプールのときがダメ
　 22　Aの話では仕事に行ってたみたい
　 23　もともと専業主婦？
　 24　パートに行ったけど、すぐやめた
　　　らしい（A談）③

⑨ ドキドキワクワク
⑧ 会社活動でおり紙会社！
　ドキドキワクワクの休けん！
　ドッチボールも秘密の特訓！
　（担任）

〈Aが困ること〉
1. 授業がわからない　3. 母に充分面倒をみてもらってない　7. 母が心配で落ちつかない
2. ルールが難しい遊びわからない　4. いつも怒られてしまう
　　　　　　　　　　　　　　　 5. 友達とうまくいかない　6. ごはん

①「どうしていいかわからない」わかりやすい、シンプルなインストラクション！（担任）

⑥ 1　とにかく授業中、落ち着かない
　 2　ワサワサ
② 3　となりの席の子にチョッカイ出して文句言われ
④ 4　全校集会で走りまわる
④ 5　常に先生がついている
　 6　たまに大きな声で奇声を発する
　 7　歯を磨く習慣がなく、できない　→家では習慣ない　②特別活動で歯みがきとりくむ
　 8　とにかくAくんがいるとクラスの和が乱れる
　 9　机の中、グチャグチャ。プリントも押し込む
⑥10　チャイムなっても教科書出さない
⑤11　「出しなさい」と言っても、なかなか出さない　②
　12　そのため、授業の開始が毎回、おくれる
⑤13　からだを動かすのはスキ　③ドッテのルールを
　14　ドッジボールでトラブル　学んで楽しむ特訓！
　15　ルールを守らない　　　（となり担任）
④16　味方の子にあてて喜ぶ　⑥ドッテのルール
④17　「オレにボールをあててくれ！」わからない
　18　全く、ドッジボールとして成立しない
②19　だから、楽しくならない
　20　注意したときだけ、ごめんなさい
　21　同じことのくり返し
⑤22　鬼ごっこスキ　⑥シンプルなルールは
⑤23　鬼ごっこはルール守れる　わかる！
　24　ドッジも鬼ごっこと思ってる？
②25　怒られているときは目が合わせない
②26　授業中も同じ　　⑥ボクにもいい
②27　「オレだけちがう！」と必ず言う　ところあるよ！
⑥28　口をまいちもん字に結んで反抗的　④OKのフィード
②29　自分の悪いところを認めない　バック（担任など）
②30　放課後に残して注意するときは甘えてくる
　31　しなーっとなってヒザにのってくる　④？⑤？
　32　でも、みんなでいるときは、こっちにこない
　33　ひとりの時は、体をさわってくる　④？⑤？
　　　⑦甘えたい！！

　34　ほんとはいい子なのかなあ
② 35　プールのカードに自分でサインを書く
　 36　明らかに本人の字
② 37　「あなたが書いたでしょ」「おかあさん」⑥
　 38　プールは楽しそう
② 39　たまにAがサインを書いてきたときは見学　⑥なんとしてもプールに入りたい！→保護者と
　 40　7月10日頃から、特に友だちとトラブルが多い　保健室で相談
② 41　休み時間のたびにケンカしている
　 42　消しゴム、とった、とられた
　 43　つまらない原因ばかり　→⑨イライラした時の
① 44　つかみ合いのケンカになり　②　すごし方を本人と相談
② 45　どちらも泣いてお互いにあやまって解決　うまくできた時に
　 46　でも、ケンカは続いている　OKのフィードバック（担任）
④ 47　Bと仲いいのか。悪いのか
　 48　いつもひっついてケンカばかり
⑤ 49　おり紙が上手　⑥落ちつく時間
⑤ 50　ポケモン、ミッキーマウス、アンパンマン上手につくる　⑦会社
　 51　授業中もつくってる　　設立
② 52　なおさせると怒る　　（担任）
　 53　だまってくれているから、そのままに
② 54　最近、夜ごはんを食べてないという　①？
④ 55　給食をいやなほど食べる
　 56　すぐにおかわりをする　→⑥お父さん怖い
② 57　Aはお父さんに怒られるのを嫌がる　⑧父とます
② 58　家に電話をするというと「お父さんには言わないで」という　信頼関係
　 59　担任と2人のときはお母さんが心配と話す　（教頭）
　 60　お母さん「悪くない」と何度も言う
② 61　こちらから言う前に言う。いつも気にしている感じ　⑨父には
② 62　母がAに仕事や父のことを相談している？　指導的な依頼をしばらく控える！
　　　　　　　　　　　　　　　　　　　　　（観察/担任）

⑤翻訳して両親に伝える（教頭）

完成イメージの1例!! P94～P95

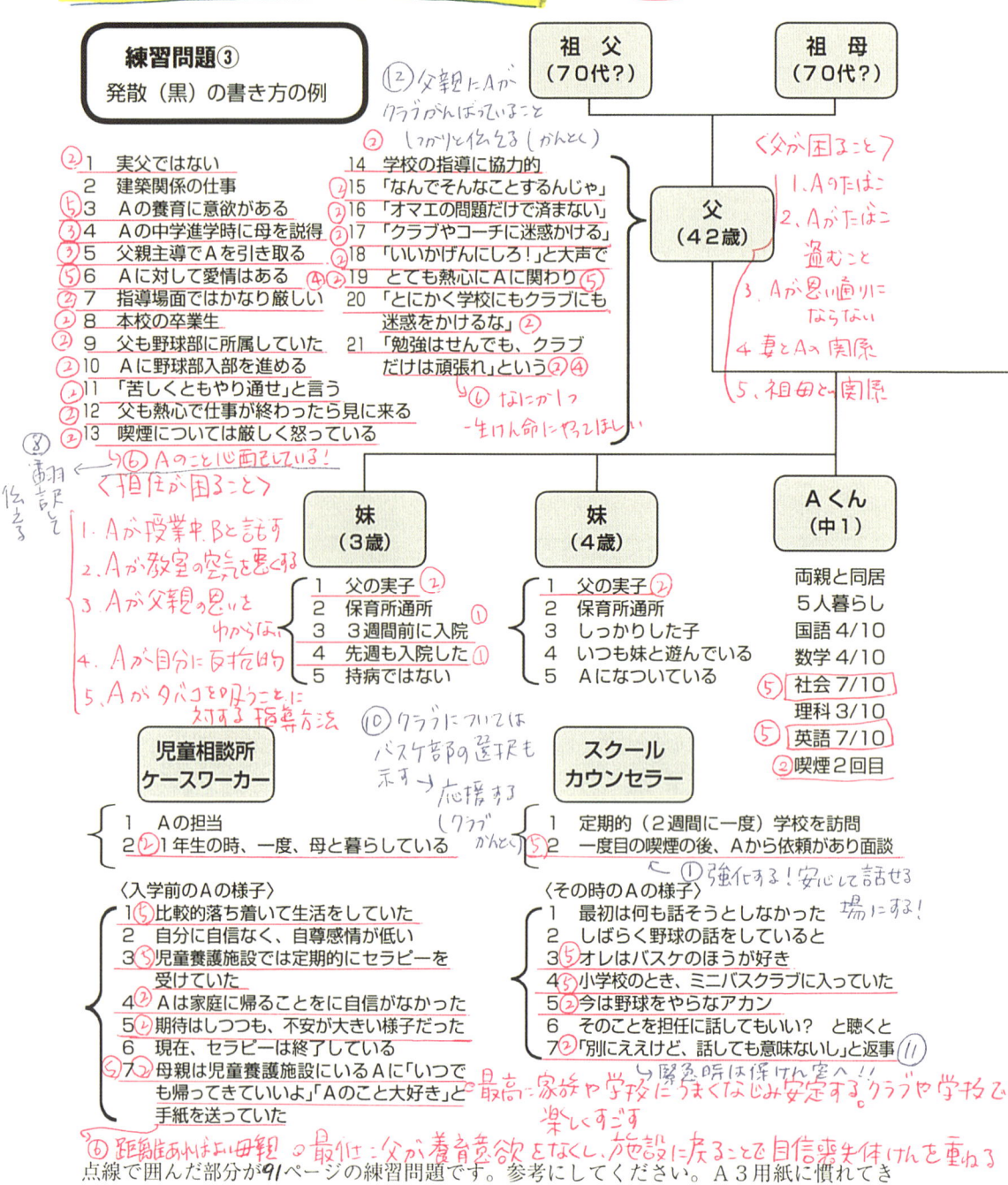

練習問題③
発散（黒）の書き方の例

祖父（70代？） ― 祖母（70代？）

父（42歳）

⑫ 父親にAがクラブがんばっていることをしっかりと伝える（かんとく）

〈父が困ること〉
1. Aのたばこ
2. Aがたばこ盗むこと
3. Aが思い通りにならない
4. 妻とAの関係
5. 祖母との関係

父について：
② 1　実父ではない
　 2　建築関係の仕事
⑤ 3　Aの養育に意欲がある
③ 4　Aの中学進学時に母を説得
③ 5　父親主導でAを引き取る
⑤ 6　Aに対して愛情はある
② 7　指導場面ではかなり厳しい
② 8　本校の卒業生
② 9　父も野球部に所属していた
② 10　Aに野球部入部を進める
② 11　「苦しくともやり通せ」と言う
② 12　父も熱心で仕事が終わったら見に来る
② 13　喫煙については厳しく怒っている
　 14　学校の指導に協力的
② 15　「なんでそんなことするんじゃ」
② 16　「オマエの問題だけで済まない」
② 17　「クラブやコーチに迷惑かける」
② 18　「いいかげんにしろ！」と大声で
④② 19　とても熱心にAに関わり
　 20　「とにかく学校にもクラブにも迷惑をかけるな」②
　 21　「勉強はせんでも、クラブだけは頑張れ」という②④

⑥ なにかしら一生けん命にやってほしい

⑧ 担任が伝える
翻訳して伝える

〈担任が困ること〉
1. Aが授業中Bと話す
2. Aが教室の空気を悪くする
3. Aが父親の思いをわからない
4. Aが自分に反抗的
5. Aがタバコを吸うことに対する指導方法

⑤⑥ Aのこと心配している！

妹（3歳）
1　父の実子 ②
2　保育所通所
3　3週間前に入院 ①
4　先週も入院した ①
5　持病ではない

妹（4歳）
1　父の実子 ②
2　保育所通所
3　しっかりした子
4　いつも妹と遊んでいる
5　Aになついている

Aくん（中1）
両親と同居
5人暮らし
国語 4/10
数学 4/10
⑤ 社会 7/10
　 理科 3/10
⑤ 英語 7/10
② 喫煙2回目

⑩ クラブについてはバスケ部の選択も示す → 応援する
クラブがんとく

児童相談所ケースワーカー
1　Aの担当
2② 1年生の時、一度、母と暮らしている

〈入学前のAの様子〉
1⑤ 比較的落ち着いて生活をしていた
2⑤ 自分に自信なく、自尊感情が低い
3⑤ 児童養護施設では定期的にセラピーを受けていた
4② Aは家庭に帰ることに自信がなかった
5④ 期待しつつも、不安が大きい様子だった
6　現在、セラピーは終了している
⑤⑦ 母親は児童養護施設にいるAに「いつでも帰ってきていいよ」「Aのこと大好き」と手紙を送っていた

スクールカウンセラー
1　定期的（2週間に一度）学校を訪問
⑤ 2　一度目の喫煙の後、Aから依頼があり面談

① 強化する！安心して話せる場にする！

〈その時のAの様子〉
1　最初は何も話そうとしなかった
2　しばらく野球の話をしていると
3⑤ オレはバスケのほうが好き
4⑤ 小学校のとき、ミニバスクラブに入っていた
5② 今は野球をやらなアカン
6　そのことを担任に話してもいい？　と聴くと
7② 「別にええけど、話しても意味ないし」と返事 ⑪

緊急時は保けん室へ！！
最高：家族や学校にうまくなじみ安定する。クラブや学校で楽しくすごす
⑥ 距離ありありな母親　最低：父が養育意欲をなくし、施設に戻ることで自信喪失体けんを重ねる

点線で囲んだ部分が91ページの練習問題です。参考にしてください。A3用紙に慣れてきたら、ホワイトボードに書いてみましょう。

90ページの「□5」以後に進みましょう。

アセスメント支援スケール⑧〜⑩は青文字で書き、通し番号をつけています！

母（29歳）

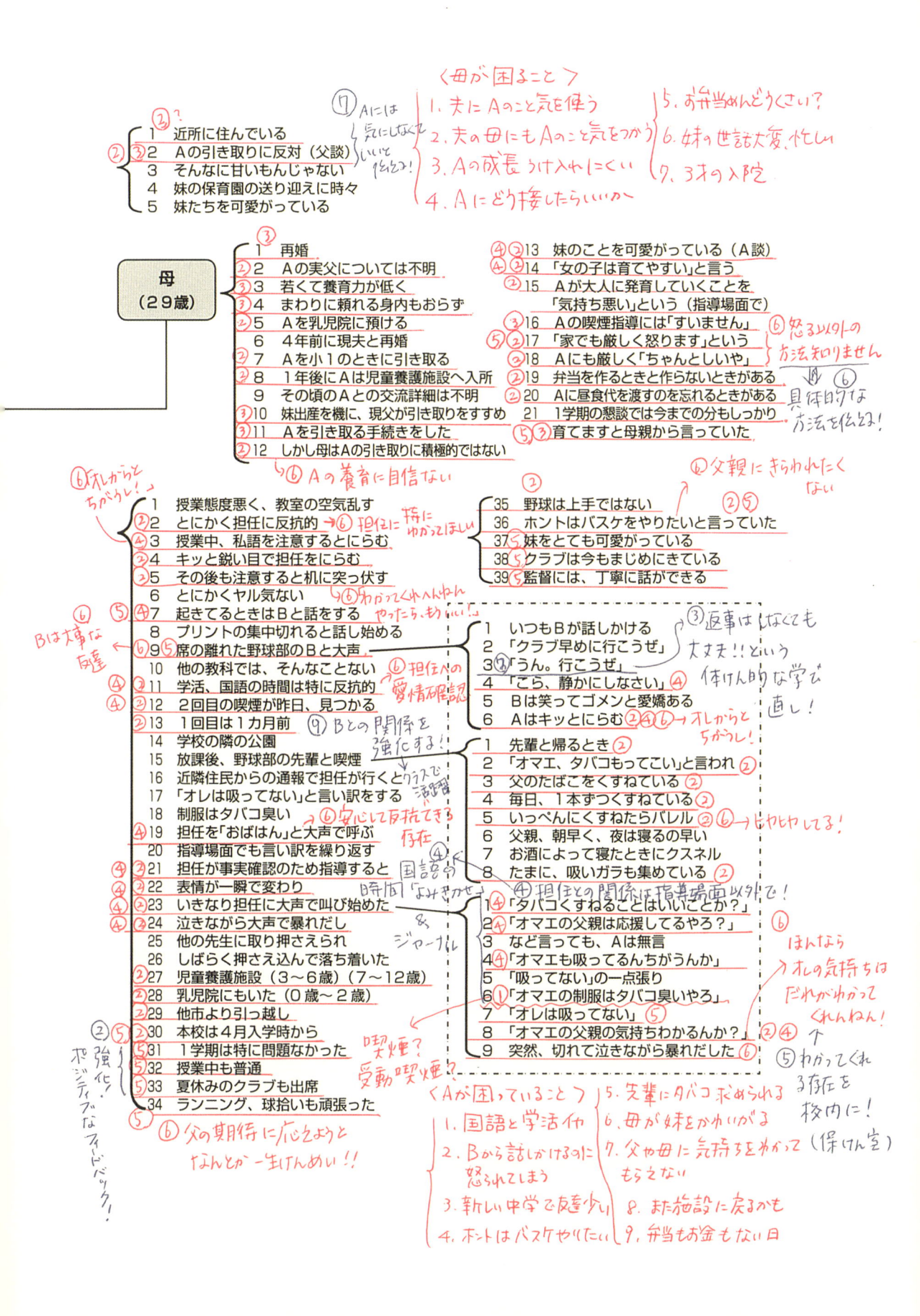

〈母が困ること〉
1. 夫にAのこと気を使う
2. 夫の母にもAのこと気をつかう
3. Aの成長うけ入れにくい
4. Aにどう接したらいいか
5. お弁当めんどうくさい？
6. 妹の世話大変、忙しい
7. 3才の入院

⑰ Aには気にしなくていいと伝える！

父（近所）
1. 近所に住んでいる
2. Aの引き取りに反対（父談）
3. そんなに甘いもんじゃない
4. 妹の保育園の送り迎えに時々
5. 妹たちを可愛がっている

母（29歳）の情報
1. 再婚
2. Aの実父については不明
3. 若くて養育力が低く
4. まわりに頼れる身内もおらず
5. Aを乳児院に預ける
6. 4年前に現夫と再婚
7. Aを小1のときに引き取る
8. 1年後にAは児童養護施設へ入所
9. その頃のAとの交流詳細は不明
10. 妹出産を機に、現父が引き取りをすすめ
11. Aを引き取る手続きをした
12. しかし母はAの引き取りに積極的ではない
13. 妹のことを可愛がっている（A談）
14. 「女の子は育てやすい」と言う
15. Aが大人に発育していくことを「気持ち悪い」という（指導場面で）
16. Aの喫煙指導には「すいません」
17. 「家でも厳しく怒ります」という
18. Aにも厳しく「ちゃんとしいや」
19. 弁当を作るときと作らないときがある
20. Aに昼食代を渡すのを忘れるときがある
21. 1学期の懇談では今までの分もしっかり
22. 育てますと母親から言っていた

→ Aの養育に自信ない
→ 父親にきらわれたくない
→ 怒る以外の方法知りません → 具体的な方法を伝え！

A（生徒）
1. 授業態度悪く、教室の空気乱す
2. とにかく担任に反抗的 → ⑥担任に特にゆるしてほしい
3. 授業中、私語を注意するとにらむ
4. キッと鋭い目で担任をにらむ
5. その後も注意すると机に突っ伏す
6. とにかくヤル気ない
7. 起きてるときはBと話をする
8. プリントの集中切れると話し始める
9. 席の離れた野球部のBと大声
10. 他の教科では、そんなことない
11. 学活、国語の時間は特に反抗的
12. 2回目の喫煙が昨日、見つかる
13. 1回目は1カ月前
14. 学校の隣の公園
15. 放課後、野球部の先輩と喫煙
16. 近隣住民からの通報で担任が行くとクラスで
17. 「オレは吸ってない」と言い訳をする
18. 制服はタバコ臭い
19. 担任を「おばはん」と大声で呼ぶ
20. 指導場面でも言い訳を繰り返す
21. 担任が事実確認のため指導すると
22. 表情が一瞬で変わり
23. いきなり担任に大声で叫び始めた
24. 泣きながら大声で暴れだし
25. 他の先生に取り押さえられ
26. しばらく押さえ込んで落ち着いた
27. 児童養護施設（3〜6歳）（7〜12歳）
28. 乳児院にもいた（0歳〜2歳）
29. 他市より引っ越し
30. 本校は4月入学時から
31. 1学期は特に問題なかった
32. 授業中も普通
33. 夏休みのクラブも出席
34. ランニング、球拾いも頑張った
35. 野球は上手ではない
36. ホントはバスケをやりたいと言っていた
37. 妹をとても可愛がっている
38. クラブは今もまじめにきている
39. 監督には、丁寧に話ができる

→ オレからとちがう！
→ わかってくれへんやん
→ やったら、オレから
→ Bは大事な友達
→ 担任への愛情確認
→ 安心して反抗できる存在
→ 国語的 時間「よみきかせ」ジャーナル
→ 喫煙？受動喫煙？
→ 強化！ポジティブなフィードバック！
→ ⑨Bとの関係を強化する！
→ 父の期待に応えようとなんとか一生けんめい！！

〈Bとの場面〉
1. いつもBが話しかける
2. 「クラブ早めに行こうぜ」
3. 「うん。行こうぜ」
4. 「こら、静かにしなさい」
5. Bは笑ってゴメンと愛嬌ある
6. Aはキッとにらむ

→ 返事はしなくても大丈夫！！という体けん的な学び直し！
→ オレからとちがう！

〈先輩との場面〉
1. 先輩と帰るとき
2. 「オマエ、タバコもってこい」と言われ
3. 父のたばこをくすねている
4. 毎日、1本ずつくすねている
5. いっぺんにくすねたらバレル
6. 父親、朝早く、夜は寝るの早い
7. お酒によって寝たときにクスネル
8. たまに、吸いガラも集めている

→ 担任との関係は指導場面以外で！

〈指導場面〉
1. 「タバコくすねることはいいことか？」
2. 「オマエの父親は応援してるやろ？」
3. など言っても、Aは無言
4. 「オマエも吸ってるんちがうか？」
5. 「吸ってない」の一点張り
6. 「オマエの制服はタバコ臭いやろ」
7. 「オレは吸ってない」
8. 「オマエの父親の気持ちわかるんか？」
9. 突然、切れて泣きながら暴れだした

→ ほんならオレの気持ちはだれがわかってくれんねん！
→ わかってくれる存在を校内に！

〈Aが困っていること〉
1. 国語と学活が
2. Bから話しかけるのに怒られてしまう
3. 新しい中学で友達少ない
4. ホントはバスケやりたい
5. 先輩にタバコ求められる
6. 母が妹をかわいがる
7. 父や母に気持ちをわかってもらえない（保けん室）
8. また施設に戻るかも
9. 弁当もお金もない日

ホワイトボードケース会議をやってみよう！

ケース会議風景

❶ まずは情報を共有（発散／黒色）

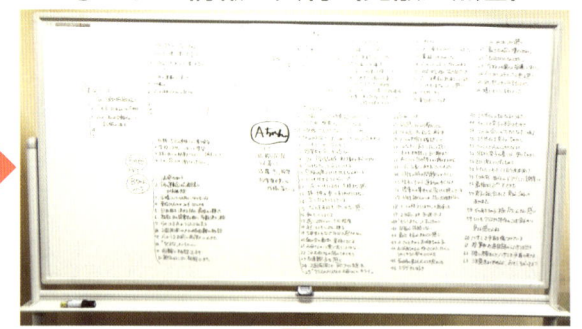

❸ アセスメント第２段階（収束／赤色）

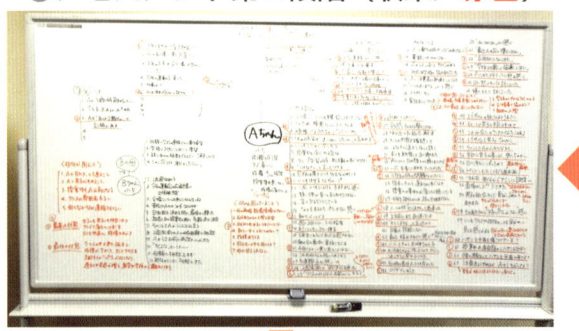

❷ アセスメント第１段階（収束／赤色）

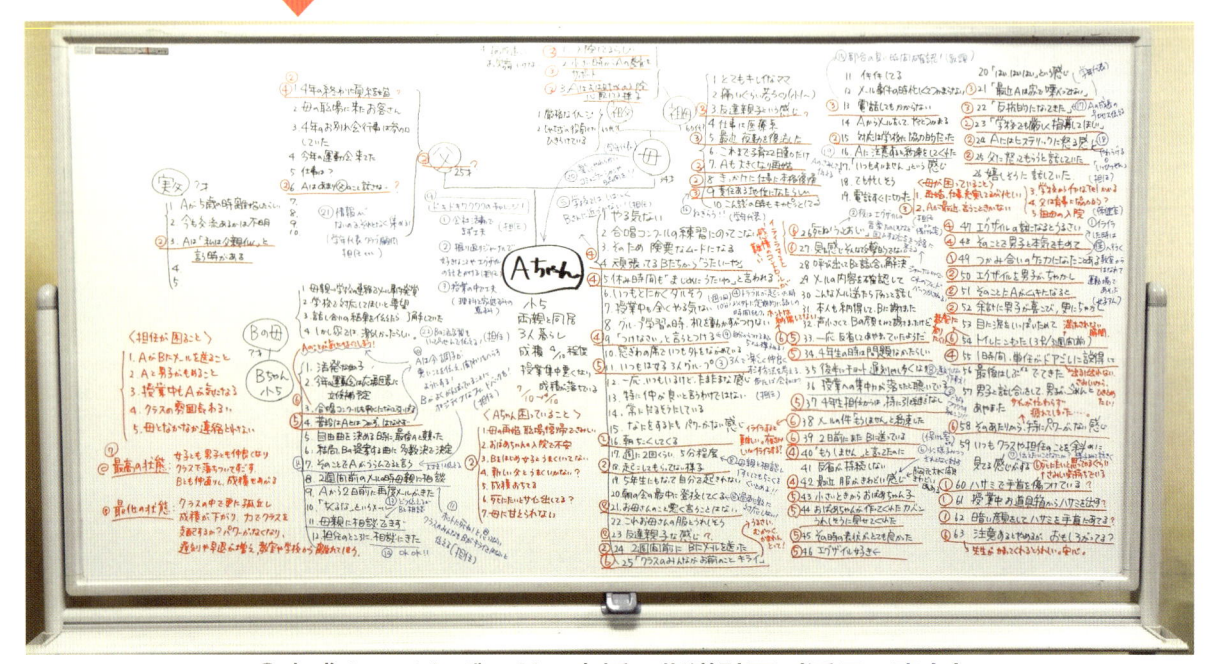

❹ 完成ホワイトボード…支援・指導計画（活用／青色）

はじめに

　幸せな子ども時代のために、先生や子どもたちがファシリテーターになる。そんな「信頼ベースのクラスづくり」の提案に、全国からフィードバックをいただいています。

　「振り返りジャーナルで子どもたちとつながれた」「黒板メッセージで崩壊していたクラスが立ち直った」「絵本の読み聞かせでクラスがやわらかくなった」「会社活動で創意工夫の風土が育まれた」「ホワイトボード・ミーティングで子どもたちが上手に話し合っている」などなど。全国から届く報告を、とてもうれしく思っています。

　しかし一方で、「絵本の読み聞かせのときに、前に集まらない子がいる」「授業中の立ち歩きが止まらない」「けんかが絶えない」「心の体力を温めようと思っても、怒ってばかりで冷やしてしまう」「保護者の信頼を得るのがむずかしい」など。「どうしていいか、わからない」「困りはてている」ご相談もいただきます。いじめ、校内暴力、非行、不登校、児童虐待、学級崩壊など、子どもをめぐる状況は深刻で複雑です。

　本書は、このような「困った事例」を改善し、解決する「ホワイトボードケース会議」の進め方を提案します。厳しい状況も、「ホワイトボードケース会議」をすれば、教職員や関係機関が子どもの問題行動の見立てや方針を一致して、役割分担をしながら生徒支援や生徒指導を進めることができます。とても効率的で、効果的な方法です。「ホワイトボードケース会議」の進行役をファシリテーター、参加者をサイドワーカーと呼びます。

　まずは、練習が必要です。本書の順番に練習をすれば、必ず、できるようになります。ファシリテーションは技術だから、やればやるほど上手になります。そして、練習を積み重ねるうちに、私たちの「かかわりスキル」が磨かれて、学校の困った事例が減り始めます。

　まずは職員室の2〜3人で集まって、A3用紙を使いながら、気軽に練習を始めましょう。技術が身についてきたら、本番のケース会議に導入します。困った事例が起こったときに、サッと集まって気軽にできる。関係機関との会議にも有効。どんな困った場面にも活用できます。「幸せな子ども時代」のために、「ホワイトボードケース会議」の練習を一緒に始めましょう！

　　2012年2月　　　　　　　　　　　　　　　　　　　　　岩瀬直樹　ちょんせいこ

よくわかる学級ファシリテーション・テキスト──ホワイトボードケース会議編／目次

はじめに　9

取り扱い説明書　12
ホワイトボード・ミーティング用アセスメント支援スケール　13
ある日、こんな相談メールが届きました　14
ホワイトボードケース会議だと、こんなふうに変わります　16

Lesson1　ホワイトボードケース会議とは　18
　　ホワイトボードケース会議とは　19
　　ホワイトボードケース会議の進め方　20
　　練習問題①　22

Lesson2　ホワイトボードケース会議の進め方　情報共有（発散）の進め方　24
　　情報共有の進め方：発散／黒色　24
　　質問の技カード　28

Lesson3　ホワイトボードケース会議の進め方　アセスメント（収束）の進め方　32
　　アセスメントの進め方：収束／赤色　32
　　第1段階（アセスメント）　33
　　第2段階（アセスメント）　35
　　❻まで進んだら、問題行動をめぐるストーリーを見立てます　37
　　「ホワイトボード・ミーティング用アセスメント支援スケール」の活用方法　38
　　❶生命・身体の危険を回避します　38
　　❷本人のプレッシャーを緩和します　40
　　❸キーパーソンのプレッシャーを緩和します　42
　　❹過刺激をとります　44
　　❺強みを強化して役立てます　46
　　❻言葉や態度の意味を翻訳し、問題行動のストーリーを見立てます　48
　　❼最高と最低の状態を予測し、今の状態からスモールステップを積み上げます　50
　　アセスメント　小学5年生女児の事例
　　……Aちゃんの問題行動をめぐるストーリーの見立ての例　52

Lesson4　ホワイトボードケース会議の進め方　支援・指導計画（活用）の進め方　56
　　支援・指導計画の進め方：活用／青色　56
　　❽NG（失敗体験）→OK（成功体験）にする方法を体験的に学び直します　58
　　❾何気ない日常にドキドキ、ワクワクのチャレンジがあります　60
　　❿チームで役割分担して支援します　62

小学5年生女児の事例……Aちゃんの支援・指導計画の一例　64

Lesson5 ホワイトボードケース会議の進め方　**観察の進め方** …………………… 68

観察の進め方　68

その後、報告メールが届きました　72

生徒支援・生徒指導の基本的な考え方　74

Lesson6 ホワイトボードケース会議の進め方

練習問題　小学3年生男児のケース ………………………… 78

練習問題②　80

アセスメント　小学3年生男児の事例
……Aくんの問題行動をめぐるストーリーの見立ての例　84

小学3年生男児の事例……Aくんの支援・指導計画の一例　86

小学3年生男児の事例……Aくんの観察とその後　88

自己評価シート　89

Lesson7 ホワイトボードケース会議の進め方

練習問題　中学1年生男児のケース ………………………… 90

練習問題③　92

アセスメント　中学1年生男児の事例
……Aくんの問題行動をめぐるストーリーの見立ての例　96

中学1年生男児の事例……Aくんの支援・指導計画の一例　98

中学1年生男児の事例……Aくんの観察とその後　100

よくある質問に答えます　Q&A　101

おわりに　103

取り扱い説明書

❶本書は、ホワイトボードケース会議の進め方を小学5年生女児の事例で説明しています。78ページ以後にも練習問題が2例あります。繰り返し練習しましょう。慣れてきたら身近な実例2例に取り組み、合計5例にまずチャレンジです。

❷本書の事例は、すべてダミーです。都心部、山間部など地域特性はありますが、子どもたちの抱える困難は日本全国どこも「同じ社会構造」のなかで起こっています。掲載事例には、「よく似た子どもや家庭」の姿が見つかります。

❸同じ事例を繰り返し練習しましょう。練習はトテモ大事です。少しできるようになってきたら、A3用紙に書きながら実際の事例でやってみます。慣れてきたら、ホワイトボードに書いてやってみましょう。

❹本書は『よくわかる学級ファシリテーション①──かかわりスキル編』『同②──子どもホワイトボード・ミーティング編』『同③──授業編』(2012年刊行予定)の関連書です。これらを、必ず読んでください。

❺ホワイトボードケース会議は、『元気になる会議──ホワイトボード・ミーティングのすすめ方』(ちょんせいこ著、解放出版社)の「ケース会議の進めかた」(90ページ)を詳しく説明したものです。こちらの本も、参考にしてください。

❻同じ方法で、職場のセクハラやパワハラ、近隣や保護者のトラブルやクレームの改善、解決策を考えることができます。応用範囲は広いです。学校教職員にかぎらず、「ホワイトボードケース会議」の技術は有効です。

❼愚直に練習を続けるうちに、ドンドン手早くできるようになります。クラス全員の子どもたちがファシリテーターに成長するように、大人の私たちも、誰もがファシリテーターに成長できます。「ちょっとやってみた」ではなく、続けながら技術を磨いていきましょう。

❽校内研修などで、本書をテキストに取り組んでみてください。そしてフィードバックをお待ちしています。

岩瀬直樹　naoki.iwase@gmail.com　／　ちょんせいこ　seiko.chon@gmail.com

ホワイトボード・ミーティング用 アセスメント支援スケール

❶～❿の順番で進めます。アセスメント（❶～❼）は赤色で番号を書き、支援・指導計画（❽～❿）は青色で書きます

❶生命・身体の危険を回避します
　最優先の項目です。本人被害、本人加害、それ以外でも、生命や身体の危険がある場合は、まずこれを回避する作戦をたてることが、最初に取り組むべきことです

❷本人のプレッシャーを緩和します
　本人にとってプレッシャーになっている情報を探します。プレッシャーが緩和されると、緩やかに問題行動は落ち着きます

❸キーパーソンのプレッシャーを緩和します
　本人に影響力が強い人にかかるプレッシャーを探し、緩和します。キーパーソンのプレッシャーが緩和されると本人へのかかわりが和らぎ、本人が落ち着いていきます

❹過刺激をとります
　刺激が強すぎるため、無用な混乱や反抗を招いている「過刺激」をとります

❺強みを強化して役立てます
　得意なことを役立てます（狭義）。また、「普通にうまくいっていること」（広義／過去も含む）には何か理由があります。その理由や方法を分析し、ほかにも役立てます

❻言葉や態度の意味を翻訳し、問題行動のストーリーを見立てます
　反抗や問題行動は「愛情確認行動」であることが多く、言葉どおりに受け取りません。言葉や態度をしっかりと翻訳して受け止め、ストーリーを見立てます

❼最高と最低の状態を予測し、今の状態からスモールステップを積み上げます
　急激に状態が良くなることはありません。時間がかかります。現段階で予測される最高と最低の状態から、現在位置を確認し小さな成功体験を積み上げます

❽NG（失敗体験）→OK（成功体験）にする方法を体験的に学び直します
　「これをしてはダメ」ではなく「こうしたら、よい」とインストラクション（説明）します。そして、普通にできていることにOKを出し続けます

❾何気ない日常に、ドキドキ、ワクワクのチャレンジがあります
　毎日の暮らしや教室に、ドキドキ、ワクワクするチャレンジのあることが大事です

❿チームで役割分担して支援します
　幸せな子ども時代のために、担任や担当者が抱えこまず、チームプレーで効果的にかかわるための作戦をたてます。関係機関や地域資源ともチームになります

©『よくわかる学級ファシリテーション・テキスト――ホワイトボードケース会議編』

ある日、こんな相談メールが届きました

> イワセン&せいこさんへ
> 　こんにちは。教員になって2年目です。いつも『よくわかる学級ファシリテーション』を繰り返し読んで、実践しています。「振り返りジャーナル」のおかげで、1人ひとりの子どもたちと信頼ベースのチャンネルができました。悩んだときも「振り返りジャーナル」に助けてもらっています。ありがとうございます。
> 　実は相談があります。クラスに気になる子がいます。みんなになじめず、授業中も落ち着きません。問題行動が目立ってきたので、今後の指導や支援について話し合うためケース会議をしたのですが、「子どもや家庭が悪い」という話が続くだけで終わってしまいました。
> 　先輩の先生からは「担任のかかわり方が下手」と言われ、会議中、いたたまれない気持ちになります。だんだん自分が無力に思えてきて、ケース会議のたびに、重い荷物が増えていく感じです。教師に向いてないのかもしれないと不安になります。
> 　他校の先生から、せいこさんの研修で学んだ「ホワイトボードケース会議」をやってみたら「具体的な手だてが見えて、役割分担も明確で、子どもが落ち着いた」と聴きました。お忙しいと思いますが、ぜひ、ホワイトボードケース会議の方法を教えてください。よろしくお願いします。

最近、同じような相談が増えているよね。子どもたちが、授業中に立ち歩いたり、クラスが学級崩壊すると、先生が「どうしていいかわからない」と、立ちすくんでしまう。そのときにケース会議がうまく機能しないとつらいよね。

うん。先生も、子どもも、家庭も混乱していくよね。ホワイトボード・ミーティングを活用した「ホワイトボードケース会議」なら、効果的になるんやけどなあ。具体的な「作戦」をたてることができるからね。

発散（情報共有）、収束（アセスメント）、活用（支援・指導計画）で話し合っていくんだよね。この方法だと、子どもがなぜ、問題行動を起こすのかが、みんなで共有できるから、改善、解決策も考えられるよね。

うん。まるで職員室でグチを言うみたいに、思いつくままに話してもらったら、それをファシリテーターがホワイトボードに可視化して情報を整理していく方法だから、特に準備がなくても大丈夫。気楽にやれます。

情報共有は「第4階層」の深さがポイントだよね。『よくわかる学級ファシリテーション②』59ページで紹介している、子どもたちがファシリテーターになっていくときに練習することと、まったく同じだね。

そうそう、まったく同じ。具体的なエピソードの共有を進めることがポイントです。子どもの問題行動には、必ずストーリーがあるから、丁寧に情報を深めて、アセスメントすることが肝心！　そして生徒支援・生徒指導のポイントは

①身近な大人との愛着形成をサポートする
②愛情確認行動（試し行動）の軽減をめざす
③体験的な学び直しを積みかさねる

　このポイントに沿って作戦をたてると、子どもも先生も、とてもラクになります。そのプロセスには、次の仕組みをつくります。

④子どもの心の体力を温める
⑤子どもの自己選択、自己決定を大切にする
⑥体験的な学び直しでNG→OKに認知を変える

うんうん。それには、やっぱり先生がファシリテーターでいることが有効だよね。『よくわかる学級ファシリテーション①②』で提案した「振り返りジャーナル」や「絵本の読み聞かせ」「会社活動」「一筆箋」「ホワイトボード・ミーティング」をクラスでやるといいよね。

そのとおり。そして次に提案する『③授業編』もスゴク大事。でも、③の前に。ホワイトボードケース会議の進め方を提案しておかなくちゃ……だね。練習すれば、絶対にできるようになるから、全国の先生方と一緒に、練習していきたいなあ。そして「幸せな子ども時代」を届けたいね。

ホワイトボードケース会議だと、こんなふうに変わります

残念なケース会議の例

■「ホワイトボードケース会議」をやったことのない人用
■ケース会議「**残念度チェックシート**」(「はい」の項目にチェックを入れます)
- □ 1　何を話し合えばよいのか、何を発言すればよいのか、よくわかりません
- □ 2　自分に関係ない話題のときは、眠たくなります
- □ 3　担任や担当者が責められていると感じます。しんどくなります
- □ 4　けんかや押し付け合いがあります
- □ 5　発言すると「じゃあ、あなたがしてね」となるので意見が言えません
- □ 6　家庭や子どものグチや不満を言うだけで終わってしまいます
- □ 7　結論は、「見守る」や「注意する」が多く、特に動きません
- □ 8　結局、どうすればよいのかわからないまま会議が終了します
- □ 9　資料づくりや会議の進行に、時間がかかってしまいます
- □ 10　子どもや家庭に適切な支援、指導ができず、状況が改善されません

※1つでもチェックがつけば、ホワイトボードケース会議をやってみる価値アリです

ホワイトボードケース会議の例

■「ホワイトボードケース会議」をやったことのある人用
■ホワイトボードケース会議「効果チェックシート」(「はい」の項目にチェックを入れます)

☐ 1　グチや不満、どんなに小さな情報も。貴重な情報として歓迎します
☐ 2　参加者は、良きサイドワーカーとなり、話し合いに貢献します
☐ 3　話を聴いてもらうことで、担任や担当者がラクになります
☐ 4　情報共有（発散）→アセスメント（収束）→支援・指導計画（活用）が明確です
☐ 5　どんな意見もファシリテーターが受け止め、可視化し、情報共有が進みます
☐ 6　適切にアセスメントすることで、子どもや家庭の課題が明確になります
☐ 7　それぞれの役割に応じて、チームプレーで支援します
☐ 8　日常の具体的な子どもや家庭への「かかわり方」が決まります。わかります
☐ 9　効率的、効果的な会議の進行で、ケース会議後の動き方が明確になります
☐ 10　子どもや家庭に適切な支援、指導を続け、だんだんと状況が落ち着いていきます
※チェックが入らない項目があるときは、やりやすいところから練習しましょう

Lesson1 ホワイトボードケース会議とは

　それではレッスンを始めましょう。上手に進めるには、練習が必要です。必ず、できるようになるので、一緒に練習していきましょう。

　ここは、○▲□小学校5年生のクラスです。チョット、のぞいてみましょう。

ホワイトボードケース会議とは

　ホワイトボード・ミーティング（『元気になる会議』ちょんせいこ著）の方法の一つです。学校で「困った事例」が起こったときに、「子どもの最善の利益」を目的に、指導や支援の計画を決めるための会議です。ホワイトボードケース会議は、日常的に活用できる「普段づかいの会議の進行方法」です。もちろん通常のケース会議にも有効です。

　ホワイトボードケース会議は、こんな感じで進めます。

●ホワイトボードを活用した進め方

●職員室の片隅で、Ａ３用紙を活用した練習の進め方

ポイント
1　慣れるまでは、Ａ３用紙で２～３人で練習をします
2　慣れてきたら、ホワイトボードを活用して練習をします

ホワイトボードケース会議の進め方

ホワイトボードケース会議のポイントは、「話し合いのプロセス」をつくり、情報を可視化することです。

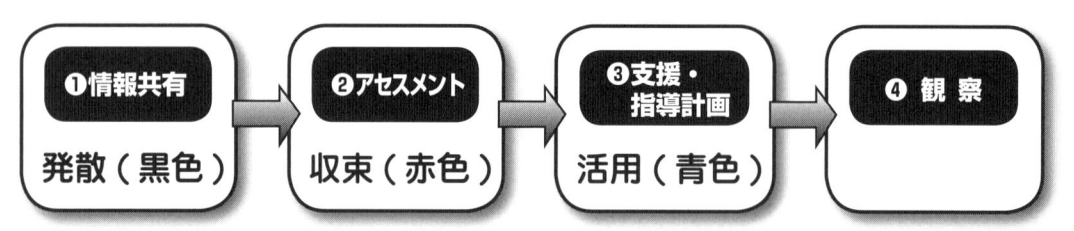

❶情報共有　→　❷アセスメント　→　❸支援・指導計画　→　❹観察
発散（黒色）　　収束（赤色）　　活用（青色）

❶始める前に確認しておきたいこと

- □1　ホワイトボードの前で会議をします
- □2　ファシリテーターはホワイトボードの前に立ちます
- □3　参加者はホワイトボードに向かって座ります
- □4　必ず、プライバシーを保護できる環境で実施します
- □5　最初は90分程度が目安です。慣れてくると15分〜30分程度になります

❷準備物

- □1　ホワイトボード2枚（幅1800×高さ900mm）→最初はA3用紙で練習します
- □2　ホワイトボード・マーカー（黒・赤・青）
- □3　デジタルカメラまたはカメラ付き携帯電話

❸役割分担

- □1　ファシリテーター：進行役。どんな意見もホワイトボードに書き、可視化します
- □2　情報提供者　　　：基本は、担任や担当者です
- □3　サイドワーカー　：参加者は「良き参加者」となり、会議の進行に協力します

❹基本的な進め方

- □1　情報共有：起こった事実や状況などをホワイトボードに書きます（発散／黒色）
- □2　アセスメント第1段階：登場人物の「困っていること」を書きます（収束／赤色）
- □3　アセスメント第2段階：「ホワイトボード・ミーティング用アセスメント支援スケール」❶〜❼を活用して情報を探し、問題行動のストーリーを見立てます（収束／赤色）
- □4　「ホワイトボード・ミーティング用アセスメント支援スケール」❽〜❿を活用し、短期、中期、長期の支援・指導計画を立てます（活用／青色）
- □5　ホワイトボードの写真を撮影します

□6　必要であれば、Ａ３用紙に書き写します（話し言葉→書き言葉に変換）
□7　次の会議の際には、前回の記録を振り返ってから始めます

黒板よりも、ホワイトボードが効果的です。やむをえず黒板を使用する場合は、チョークの色を分けます（『よくわかる学級ファシリテーション①』120ページ参照）

発散（白色）→収束（赤色）→活用（青色か黄色）

エピソード❶　学級崩壊の仕組みと問題行動への基本的な対応

　授業中、じゃまする子がいます。最初は少数派ですが、学級崩壊したクラスでは多数派になります。授業中、静かにならない、もめる、キレる、罵声が飛ぶなどは特徴的な症状です。そして先生も怒り続けています。

　学級崩壊するクラスには「待たされ時間の蓄積」があります。担任が問題行動の多い子どもに振り回されてかかりきりになる間、普通にちゃんとしている子たちは待たされ続けます。待たされ時間＝心の体力が冷える時間です。そのうち、ちゃんとしている子も問題行動を始めて学級崩壊へと進みます。

　担任の第一義的な仕事は学級経営です。『よくわかる学級ファシリテーション①』が提案するように、信頼ベースのクラスをつくることが大事です。そして問題行動は深刻になる前にケース会議で情報を共有し、アセスメントをします。見立てと支援・指導計画を一致させて教職員がチームで動くことが必要です。

　これがないと、子どもたちへの対応がバラバラになり、逆効果になることもあります。担任の思いやがんばりが空回りし、教職員の関係も悪くなります。そして学級崩壊は、以下のように深刻化していきます。

①学級崩壊が起こってから、管理職や指導教官などが教室を参観する
②気になる指導方法について、担任に助言する
③いよいよ授業が成立せず、空き時間をやりくりした先生が「役割不明なまま」授業参観し、子どもたちの荒れを抑えようとする
④授業に入って気づいたことを、それぞれが担任に助言する
⑤見立てや方針がバラバラなので、担任は余計に混乱する
⑥保護者説明会を開く、担任や学校が謝罪する
⑦保護者が授業参観し、感じたことをそれぞれに発信する
⑧一致しない大人の対応に、子どもたちはますます混乱する
⑨担任がメンタルダウンして、まわりも声をかけにくくなる

　こうならないためにも早めにケース会議を開き、見立てと支援・指導方針を教職員で一致してから、役割分担をして動くことを基本にします。

練習問題①
ホワイトボードケース会議では情報を可視化しながら進めます。可視化した情報は最終的には、こんな感じになります。

祖父（60代？）
1 厳格なイメージ
2 地域の役員など引き受けている

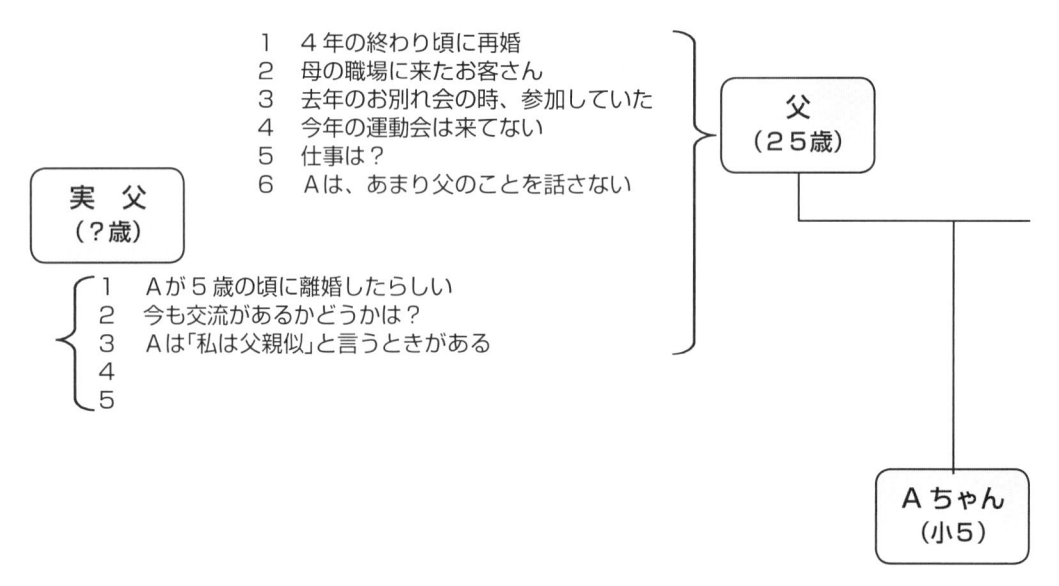

父（25歳）
1 4年の終わり頃に再婚
2 母の職場に来たお客さん
3 去年のお別れ会の時、参加していた
4 今年の運動会は来てない
5 仕事は？
6 Aは、あまり父のことを話さない

実父（？歳）
1 Aが5歳の頃に離婚したらしい
2 今も交流があるかどうかは？
3 Aは「私は父親似」と言うときがある
4
5

Aちゃん（小5）
両親と同居
3人暮らし
成績4／10程度
授業集中が悪くなり
成績が落ちている

Bの母（？歳）
1 母親から学校への連絡でメール事件発覚
2 学校で対応してほしいと要望
3 話し合いの結果を伝えたら、了解していた
4 しかし家では激しかったらしい

Bちゃん（小5）
1 活発な女の子
2 今年の運動会は応援団立候補予定
3 合唱コンクールも中心になって引っ張る
4 普段はAとは、つかず、離れず
5 自由曲を決めるときに、最後Aと競った
6 結局、Bの提案した曲に多数決で決定
7 そのことでAが恨んでると言う
8 2週間前のメールのとき、母親に相談
9 Aから2日前に再度、メールがきた
10 「ちくるな」と言うメールがきた
11 母親に相談できず
12 担任のところに、相談にきた

家族の相関図はいろいろな書き方があります。ホワイトボードケース会議はこのように書きます

©『よくわかる学級ファシリテーション・テキスト――ホワイトボードケース会議編』

祖母（60代？）

1. 入院しているらしい
2. 小さい時からAの養育サポート
3. Aはおばあちゃんの入院、心配している様子
4. 病院が遠く、お見舞いに行けないと言っていた

母（34歳）

1. とてもキレイなママ
2. 痛いくらい若づくり（小1の時から）
3. 友達親子という感じ
4. 仕事は医療系
5. 最近、夜勤を復活した
6. これまで、子育てで日勤だけ
7. Aも大きくなり、再婚した
8. きっかけに仕事に本格復帰
9. 責任ある地位になったらしい
10. 懇談のときも「キャピ！」としてる
11. イキイキしてる
12. メール事件の時、忙しくてつかまらない
13. 電話してもかからない
14. Aからメールをして、やっとつかまる
15. 対応は学校に協力的だった
16. Aに注意をすると約束をしてくれた
17. いつもすいません、という感じ
18. でも、忙しそう
19. 電話すぐに切った
20. 「はい、はい、はい」という感じ
21. 「最近、Aは家でしゃべってない」
22. 「反抗的になってきた」
23. 「学校でも厳しく指導してほしい」
24. Aにはヒステリックに怒る感じ
25. 父に怒ってもらうと話していた
26. 嬉しそうに話していた

---

1. やる気ない
2. 合唱コンクールの練習にのってこない
3. そのため、険悪なムードになる
4. がんばってるBたちから「うたい〜や！」
5. 休み時間も「まじめに歌いや」と言われる
6. いつもとにかくダルそう
7. 授業中も全く、やる気ない
8. グループ学習のとき、机を動かすがつけない
9. 「つけなさい」というとつける
10. 窓ぎわの席でいつも外を眺めている
11. いつもは女子3人グループ
12. 一応、いつもいるけど、たまたまな感じ
13. 特に仲が良いというわけではない
14. 常にだるそうにしている
15. なにをするにもパワーがない感じ
16. 朝、遅刻してくる
17. 週に2回くらい、5分程度
18. 起こしてもらってない様子
19. 5年生にもなって、自分で起きれてない
20. 朝の会の最中に登校してくる
21. お母さんのことを悪く言うことはない
22. 「これお母さんの服」とうれしそう
23. 友達親子な感じ
24. 2週間前にBにメールを送った
25. 「クラスのみんながお前のことキライ」
26. 「死ね！うっとおしい！」
27. 見た感じは、そんな攻撃的でない
28. 呼び出してBと話し合いをし解決をした
29. メールの内容を確認して
30. こんなメールを送ったらあかんと話をし
31. 本人も納得して、Bに謝った
32. 声が小さくて、Bの顔を見てなかったけど
33. 一応、反省してあやまっていたようだ
34. 4年生のときは問題なかったらしい
35. 後半にチョット、遅刻など多くなり
36. 授業への集中力が落ちたと聴いている
37. 4年担任からは、特に引き継ぎなし
38. メールの件「もうしません」と約束した
39. 2日前にまた、Bに送っている
40. もうしませんと言ってたのに
41. 反省が持続しない
42. 最近、服がきわどい感じ
    胸元が大きく開いた服のときがある
43. 小さいときからおばあちゃん子
44. おばあちゃんが作ってくれたカバンを
    嬉しそうに見せてくれたことがある
45. そのときの表情がとても良かった
46. エグザイル好き
47. エグザイルの話になるとウルサイ
48. そのことで男子と本気でもめて
49. つかみ合いのケンカになったことがある
50. エグザイルのことを男子がちゃかし
51. そのことにAがムキになると
52. 余計に男子が喜び、更にちゃかし
53. 目に涙をいっぱいためて
54. トイレにこもった（3時間／3週間前）
55. 1時間ドアごしに担任が説得して
56. 最後はシブシブでてきた
57. 男子と話し合いをして、男子がごめんと
    あやまった
58. そのあたりから、特にパワーがない感じ
59. いつもクラスや担任のことを斜めに見て
    いる感じがする
60. ハサミで手首を傷つけている
61. 授業中、お道具箱の中からハサミを出す
62. 暗い顔をして、ハサミを手首にあててる
63. 注意するとやめるが、おもしろがっている？

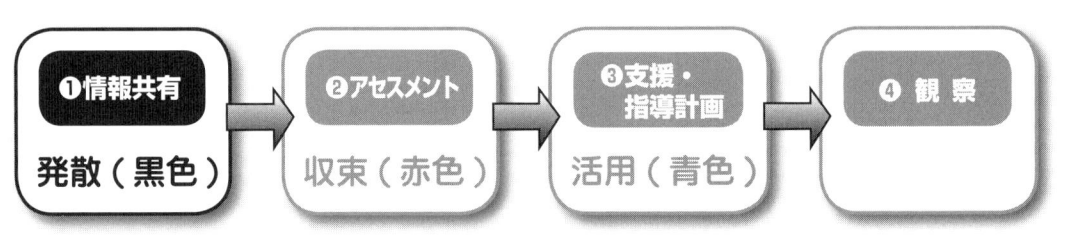

Lesson2　ホワイトボードケース会議の進め方

情報共有（発散）の進め方

❶情報共有　→　❷アセスメント　→　❸支援・指導計画　→　❹観察
発散（黒色）　　収束（赤色）　　　活用（青色）

では、22～23ページの練習問題①を見ながら具体的な方法を学んでいきましょう。

情報共有の進め方：発散／黒色

　ケース会議で最も大切なことは、情報を共有することです。子どもの状況や起こっている事実を、参加者全員で共有するプロセスをつくります。

　私たちの行動には、必ずストーリーがあります。子どもが問題行動を起こすとき、突然に見えても、必ずそこに至るプロセスが存在します。アセスメントには、このプロセスの情報共有が欠かせません。丁寧に事実を振り返り、具体的なエピソード（第4階層の情報）を共有しながらホワイトボードに書いて、可視化します。

　ポイントは「みんな、わかっているから」と割愛しないこと。初めて聴く人もいるし、話しているうちに思い出すこと、あとからヒントになる情報もたくさんあります。

インストラクション1

　ケース会議を始めます。5年1組のAちゃん（実名）の支援・指導について話し合います。まずは情報共有からです。担任の先生、思いつくままでよいので、教えてください。

☐1　担任や担当者が知っている情報を話します（目安10～15分）
☐2　ファシリテーターは聴きながら書きます
☐3　どんな意見も好意的な関心の態度で受け止めて聴き、書きます

- [ ] 4　ファシリテーターは、オープン・クエスチョンで深めて聴き、書きます
- [ ] 5　数字や名前はクローズド・クエスチョンで聴き、書きます
- [ ] 6　特に具体的なエピソードについて聴き、情景の共有を促進します（第4階層の情報）
- [ ] 7　情報は1つの文章に1つの意味に切り分けて、ホワイトボードに書きます
- [ ] 8　情報に番号をつけます
- [ ] 9　登場人物ごとに情報を集めて書きます
　　※話の途中で、母親の話になったら、母親のところに情報を集めて書きます
　　※Aちゃん本人の話にもどったら、Aちゃんのところに書きます
- [ ] 10　参加者は良きサイドワーカーになり、好意的な関心の態度で聴きます

インストラクション2

　ありがとうございました。では、ほかの方で、知っていることがあれば、意見の発散をお願いします。どんな小さなことでもOKです。去年のことでもOKです！　まずは、近くの人とペアになって話を聴き合ってみてください。時間は2～3分です。

- [ ] 1　参加者から情報を聴いて、書き加えます
- [ ] 2　以前の担任、同学年の先生、クラブや専科の先生、兄弟姉妹の担任などは、たくさんの情報をもっています

インストラクション３

　ありがとうございます。では、どなたかご意見をお願いします（発言がなければ、適当にあて、ペアで話したことなどを発表してもらいます）。ほかに共有しておきたい情報がありましたら、お願いします。どんな情報でもOKです。

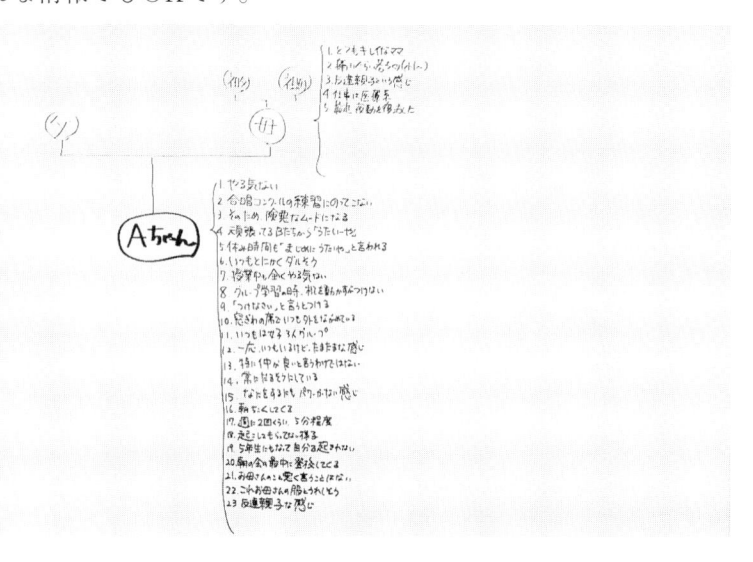

☐１　ときどきペアになり、話を聴き合うタイミングをつくり、意見を回収します
☐２　２〜３回同じペアが続いたら、次は違う人とペアになります（トリオでもよい）
☐３　最近の成績について10段階で情報を共有します（前学期や経年比較なども含む）
☐４　登場人物のコミュニケーションの特徴や傾向について共有します
　　　例：母→子
　　　　１　厳しい。先生の前ではそうでもないが
　　　　２　家では、たたくこともあるらしい
　　　　３　食事の時間よりも帰宅が遅れるとたたかれるとAが言っていた
　　　例：母→父
　　　　１　夫の前でもハキハキと話している
　　　　２　面談のとき父に質問しても、先に母が答えてしまう
　　　　３　父は特に反応はない
☐５　学校外での様子について共有します
　　　例：家庭での様子
　　　　１　年の離れた弟の世話をしている
　　　　２　母からの指示で、保育所に送り迎えをしている
　　　　３　母は仕事が遅く、時間が間に合わない
☐６　「最後に何か共有しておきたい情報はありますか」と聞きます
☐７　もれている情報は、アセスメントの段階で確認します

> **インストラクション４**

　では、ある程度、情報共有ができたので、発散を終了します。今までの情報を読み上げて確認します。

- □１　ファシリテーターは、ホワイトボードに書いた情報を読み上げ、参加者にフィードバックします
- □２　その際、極力、言葉を付け加えません。基本は文字を読み上げるだけです
- □３　Ａちゃんの情報から読み上げます
- □４　兄弟姉妹について読み上げます
- □５　母親、父親について読み上げます
- □６　そのほかの登場人物の情報を読み上げます

　ここまでが「情報共有」（発散）です。20 ～ 21 ページを参考にしてください。十分な情報共有が大事です。

❶「質問の技」を活用する

　ファシリテーターの５つの技術の１つ「質問の技」を活用しながら、議論をつくります。質問の技カードを見ながら、まずはオープン・クエスチョンの練習をすることが大切です。相手の思考を深める質問の技で、第４階層の情報共有を進めます。ファシリテーターだけでなく、サイドワーカー同士も「質問の技」が使えるようになることが肝心。日頃から練習しましょう（『よくわかる学級ファシリテーション②』56 ページ参照）。

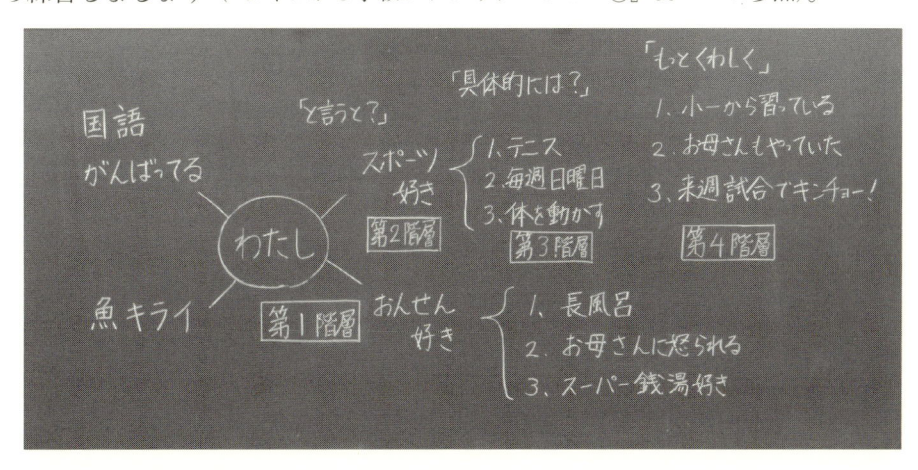

　また、数字や固有名詞はクローズド・クエスチョンで具体的にあげます。成績や出席、遅刻の日数、時間、トラブルになった友達の名前、時期などは数字や固有名詞をあげることで、情報共有が進みます。

質問の技カード

オープン・クエスチョン
（思考を広げ深める質問）の例
1 〜というと？
2 どんな感じ？
3 もう少し詳しく教えてください
4 例えば？
5 具体的にどんな感じ？
6 どんなイメージ？
7 エピソードを教えてください
8 なんでもいいですよ
9 ほかには？

あいづちの例
1 うんうん
2 なるほど、なるほど
3 わかる、わかる
4 そうなんだあ
5 へえ
6 だよねえ
7 それで、それで
8 そっかあ

クローズド・クエスチョン（はっきりする質問）の例
1 　数量（日時、回数、価格など数字で表すこと）
2 　名前（人名、商品名、事業所名、場所などの固有名詞）

自己選択、自己決定を問うときの質問
1 どうしたい？
2 どうなったらいいと思う？
3 （選択肢のなかから）どれと思う？

Ⓒ『よくわかる学級ファシリテーション・テキスト──ホワイトボードケース会議編』
（岩瀬直樹・ちょんせいこ著、解放出版社）

　教室では、子どもたちに１人１枚、このカードをラミネート加工したものを机に常備し、おりにふれて練習します。この積み重ねが、子どもたちの豊かな言語活動を支えます。

❷家族関係は直線で結びます

子どもの家庭での様子を知ることは支援・指導に欠かせません。ホワイトボードに関係図として書き出します。家族でない人は、直線で結びません。直感的に理解しやすい書き方を大切にします

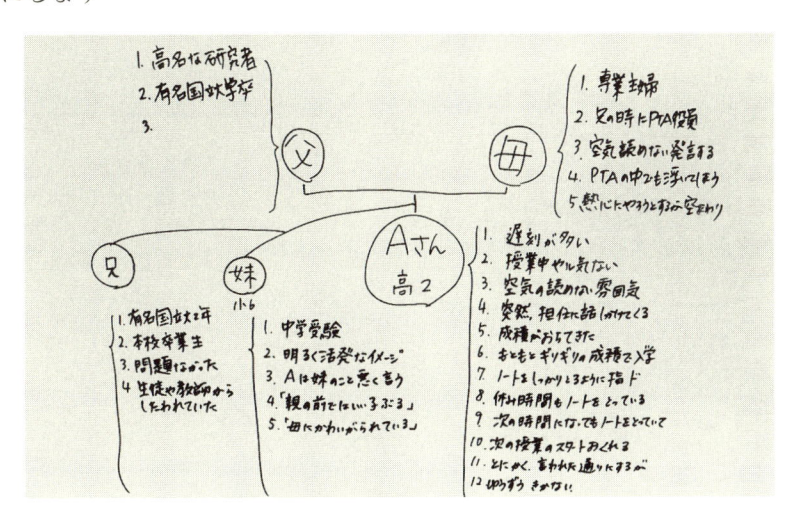

☐1　本人を真ん中中央より少し上に書きます
☐2　口頭では名前を出しますが、ホワイトボードには「Aさん」「Aくん」と書きます
☐3　父親を左上、母親を右上に書きます
☐4　兄弟姉妹は、左横に線を伸ばして書きます
☐5　情報はホワイトボード1枚に収めるのが基本です
☐6　どうしてもむずかしい場合は、2枚目も使います
☐7　家族関係以外は、直線で結びません
☐8　トラブルが起こったプロセスも丁寧に振り返りながら、情景の共有を進めます

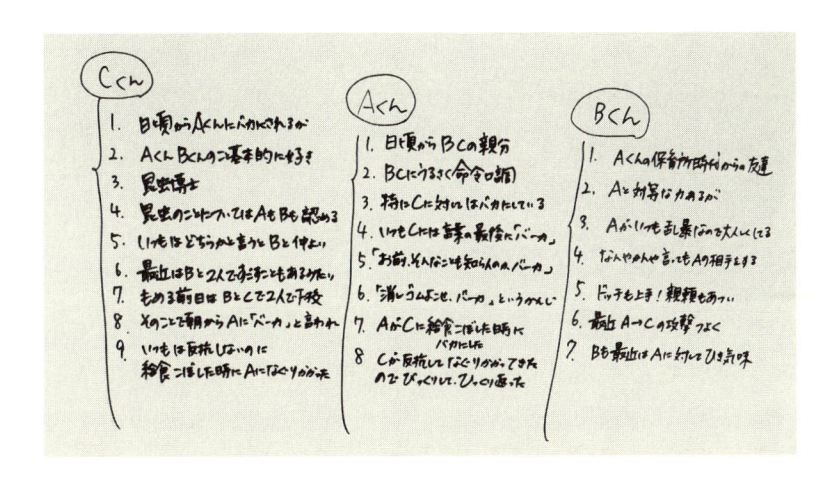

Lesson2　情報共有（発散）の進め方　29

❸1つの文章に1つの意味を書き、番号をつけます

　長く続く話も、切り分けて書きます。また、話の途中で別の登場人物の話になったときは、その人の場所に情報を書きためていきます。

❹どんな小さな意見も大切な情報です

　例えば、「クラブや課外活動で見せる子どもの姿が、教室とはまったく違う」「クラスでは反抗的なのに、放課後、担任と２人きりだと甘えてくる」などは大事な情報です。普段とは違う様子の情報も積極的に回収してホワイトボードに可視化します。前年度や前々年度の様子、兄弟姉妹の様子も貴重な情報です。グチや不満も「ホワイボードケース会議」では大切な情報に変身します。積極的に深めて、聴き、書いて共有します。

❺情報がないことも大切な情報です

　登場人物のなかには、情報がない人もいます。ホワイトボードに可視化すると、よくわかります。でも、これで大丈夫。「情報がないことがわかった」のです。情報がないことも、大切な情報。「少し、情報を集めてみよう！」と作戦をたてることができます。

❻定型のケース会議資料や記録の基礎資料になります

　ケース会議に準備する資料の量が多く、間に合わないため会議が開催できない本末転倒もあります。また、既存の定型書式（例えばＡ４用紙４〜５枚程度に家族関係や経過などを書いたもの）では、全体状況を把握することがむずかしく、アセスメントが困難化する難点があります。

　ホワイトボードケース会議は、準備資料がなくても大丈夫です。何か問題が起こったときに、すぐに集まって、その場で書きながらできる気軽さが魅力のひとつです。

　資料に詳しく書かれた内容も、ホワイトボードケース会議のフレームに書き直すと、全体状況がよく見えます。また、ホワイトボードケース会議のフレームで情報を書き出したものを整理すると、とてもシンプルでわかりやすい資料が作成できます。

　　　情報共有（発散）が終わったら、アセスメント（収束）に移ります。

エピソード❷　パズルが埋まるように情報がつながり始めます

　子どもたちの行動には、必ず、ストーリーがあります。１人の子どもについて家庭での様子や学校での情報を集めてホワイトボードに書いていくと、だんだんと「突飛に見える子どもの行動」も、そこに至るプロセスが見えてきます。特に、前年度、前々年度など、過去の子どもの情報は、現在の状況を理解するにはとても価値のある情報です。具体的なエピソードで共有しましょう。発散が進むうちに、ピタッとパズルが埋まるように、子どもの姿が見えてきます。

　もし、ストーリーがつながらなければ、きっとそこには、まだ私たちの知らない「何か」が隠れています。「情報がない」ことがわかれば、次は、「少し情報を集めてみよう」と方針がたちます。とても価値の高いことです。

　ホワイトボードケース会議は、特に書面などを準備する必要もなく、担任や担当の先生が思いついたままに話をするだけでよいことが秀逸です。どんな意見も、ファシリテーターが、オープン・クエスチョンで聴きながら、ホワイトボードに書いて整理していくので、話し終わった頃には、とてもわかりやすい情報の可視化ができています。どんな意見もファシリテーターは好意的な関心の態度で聴いてくれるので、担任や担当の先生も抱えていた状況を吐き出すことができて、ラクになります。

　アセスメントをすると「子どもの姿が違って見えてくる」とよく言われます。そのためにも最初の情報の発散は、とても大事なプロセスです。

Lesson3　ホワイトボードケース会議の進め方

アセスメント（収束）の進め方

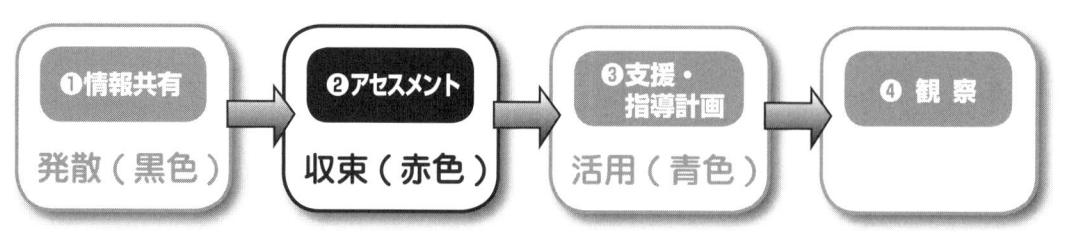

❶情報共有　発散（黒色） → ❷アセスメント　収束（赤色） → ❸支援・指導計画　活用（青色） → ❹観察

アセスメントの進め方：収束／赤色

　少年事件に携わる弁護士の峯本耕治さん（TPC教育サポートセンター代表）は、アセスメントを以下のように説明されています。

　人の行動には必ず理由があり、理由がわかると対応プランが見えてきます。子どもの問題行動は、子どもを取り巻く環境から生じています。アセスメントは、これらの問題行動を科学的に分析し、その理由（背景・原因・プロセス）を見立てることです。

　アセスメントを丁寧にしないと、子どもの問題行動への対応が「対処療法的」になり、目の前の「症状」に振り回されてしまいます。先手を打てない。変化に対応できない。そのため対応に失敗し、子どもが可愛く思えなくなります。対応に自信がなくなり、教職員の精神的負担が増します。そして、経験を普遍化できないために、何度も同じ失敗を繰り返し、教職員がバラバラになりやすい環境を生み出します。これらはアセスメントの失敗で、ボタンの掛け違えが起こっているからです。

　こうなることを防ぐには、しっかりアセスメントし、合理的なプランニングをすることが大事です。

　ホワイトボードケース会議では、発散でホワイトボードに可視化した情報を全員で見ながら、2段階のアセスメントをおこないます。

> **ホワイトボードケース会議のアセスメント**
>
> ☆第1段階…登場人物の「困っていること」を考える
> 　　「困った子」は必ず、困っています。共有した情報から、Aちゃんやキーパーソンは何を「困っている」のかを考えます。最後に担任や担当者が困っていることを聴いて書きます。
> ☆第2段階…「ホワイトボード・ミーティング用アセスメント支援スケール」を活用
> 　　❶〜❼の順に情報を探し、問題行動をめぐるストーリーを見立てます。

第1段階（アセスメント）

インストラクション1

　それでは、今、読み上げた情報をもとに、アセスメントの第1段階へと進みます。まずAちゃんが困っていることを考えます。Aちゃんは、教室では「困った子」ですが、「困った子」は必ず、困っています。困っていることの表出として困った行動に出るのです。Aちゃんは何に困っているでしょうか。近くの人とペアになり1〜2分程度、聴き合ってみてください。7個ぐらい考えます。

　※4人以上のときはペアになって話すほうが参加のハードルが下がり、意見が言いやすくなります。
　※必ず発散の最後でホワイトボードに可視化した情報をファシリテーターが読み上げます（極力余計な言葉をつけ加えない）。

☐1　近くの人とペアになり、まずAちゃんが「困っていること」を7個程度考えます
☐2　困った行動をする人は、自分自身が「困って」います。間違ってもいいから、Aちゃんが何に困っているかを考えてみます

インストラクション2

　どんな意見が出たでしょうか。手を挙げてご発言ください。どんなことでもかまいません。間違っていてもOKです。自信がなくてもOKです。困っていることを考えることに価値があります。では、1人1つずつ、ご意見をお願いします。

- □1 　意見を回収します。挙手があれば、意見を聴いて赤色で書きます
- □2 　挙手がなければ、適当にあてて、ペアで考えたことなどを発言してもらいます
- □3 　Aちゃんの困っていることを7個程度、赤色でホワイトボードに書きます
- □4 　1人1つずつ発言します。多くの人が発言することを大事にします

インストラクション3

　では、同様にほかの登場人物が困っていることを考えてみましょう。まずは、キーパーソンについてです。この場合は母親です。母親が困っていることをペアで聴き合ってみてください（1～2分後）。では、ご意見をお願いします。

　（意見を聴いて、ホワイトボードに書いたあと）では、次は父親が困っていることを考えてみます。情報は少ないですが、一度、考えてみましょう。考えることに意味があります。先ほどとは違う人とペアになり、聴き合ってみてください。

- □1 　出た意見を赤色で書きます。Aちゃん以外については、5個くらいが目安です
- □2 　同様に、登場する人全員が困っていることを赤色で書きます
- □3 　時間がない場合はAちゃんとキーパーソンに絞って考えます
- □4 　あるいは、参加者が父親担当、母親担当に分かれて考えるなど、時間を短くする工夫をします

インストラクション4

　では、最後に担任や、担当の先生が困っていることを聴きます。Aちゃんに関することでもいいし、家庭との関係やクラス全般にかかわってのことでもいいです。個人的な困りごともOKです。どんなことでもいいので、困っていることを3～5個あげてください。

☐1　最後に担任や担当者が困っていることを聴き、赤色で書きます
☐2　学校は担任や担当者が困っていることの解決策をまず考えることが大事です
☐3　これが改善・解決すれば、子どもへの支援・指導のクオリティがあがります
☐4　残念なケース会議は、担任や担当者が責められる会議です。だれも幸せにならないし、何も解決しません
☐5　仕事以外のことで困っている場合もあります。ご本人が困っているなら、それを尊重して書きます。
　　例：「帰宅時間が遅く、親の介護に支障が出る」
　　　　「体調が悪い」
　　　　「学年の先生や管理職に気をつかう」
　　　　「人によってアドバイスが違っていて困る」など

エピソード❸

　登場人物の困っていることをみんなで考え、赤色で書き出したら、最後に担任や担当の先生が困っていることを聴いて書きます。ケース会議では、子どもの困ったことに話が集中しがちですが、実は担任や担当の先生も困っています。一番、身近にかかわる人の困っていることが解決されると、子どもの困ったことも改善されていきます。
　一番、残念な例は、担任や担当の先生が責められるケース会議です。何も解決しないどころか、ドンドン状況が悪くなります。ケース会議が「困ったことを聴いてもらえる」安全の場であることが大事で、効果的です

第2段階（アセスメント）

インストラクション1

　それでは、次に「ホワイトボード・ミーティング用アセスメント支援スケール」（13ページ）の❶～❼の順番に該当する情報を探します。まずは「❶生命・身体の危険を回避します」です。黒色と赤色で書かれた情報で、❶の生命・身体の危険に該当する情報はあるで

しょうか。あれば「Ａさんの何番」とあげていただき、赤色で番号を書き、下線を引いておきます。今すぐ、あるいは中長期的に続けば該当する情報も探します。❶に該当する情報はあるでしょうか。いかがですか。まだ出てない情報、思い出したことがあれば、このタイミングでどうぞ発言してください。

➡発言があるとき…「では、赤色で❶と書き下線を引いておきます。ほかにありませんか」
➡発言がないとき…「今の段階では、生命・身体の危険はないので、❷に進みます」

※この段階では該当する情報を探し、番号をつけ、線を引くだけです。

- □1　黒色と赤色で書かれた情報を参加者全員で見ながら、「ホワイトボード・ミーティング用アセスメント支援スケール」の❶～❻に該当する情報を参加者全員で探します
    - ①生命、身体の危険に該当する情報を探します
    - ②本人のプレッシャーに該当する情報を探します
    - ③キーパーソンのプレッシャーに該当する情報を探します
    - ④過刺激になっている情報を探します
    - ⑤強みの情報を探します
    - ⑥言葉や態度の意味を翻訳できる情報を探し、翻訳して書いておきます
- □2　該当する情報に、赤色で番号を書き、線を引きます
- □3　この段階で新たな情報があるときは、番号と内容を赤色で書きます
- □4　「どうかなあ」と思うときは、文末に「？」を書いておきます
- □5　今すぐの情報には直線、中期的な情報には破線、長期的な情報には波線を引き、線の種類を分けます
- □6　厳密に該当するかを話し合って特定する必要はありません。誰かひとりでも、可能性があると感じれば、線を引いておきます

線の引き方を工夫すると、より直感的にわかりやすくなります。
　　「現在のこと」　　　　　　　　　　　（今日～１週間以内）　　直線をひく
　　「中期的にそうなるだろうと思うこと」（今日～１カ月以内）　　破線をひく
　　「長期的にそうなるだろうと思うこと」（１カ月以上）　　　　　波線をひく
あるいは、赤文字で「中期的」「長期的」と書いておくとわかりやすいです。

❻まで進んだら、問題行動をめぐるストーリーを見立てます

インストラクション２

　それでは、Ａちゃんの問題行動をめぐる状況（ストーリー）を考えます。Ａちゃんの問題行動が起こる理由（背景・原因・プロセス）から考えてみましょう。転機となる出来事にも注意しながら見立てていきます。

- ☐１　❶〜❻の情報を探すと、問題行動が起こる理由が見えてきます
- ☐２　時系列に考えていくと「転機となる出来事」が見えてきます
- ☐３　ストーリーがつながらないときは、まだ隠れている情報があります
- ☐４　無理にストーリーをつなげる必要はなく「ここは不明」としておきます
- ☐５　慣れてくると、流暢(りゅうちょう)に見立てることができるようになります
- ☐６　慣れるまでは、流暢に見立てることができなくても大丈夫です

２つ以上の番号にあてはまる情報があります

　例えば、❷❹❻など複数の番号があてはまる情報は、全部の数字を書きます。厳密に何番かを特定する必要はありません。例えば、「❻言葉や態度の意味を翻訳し→❹過刺激をとると→❷本人のプレッシャーが緩和される」と考えます。

　❶に当てはまるときは、「❶生命や身体の危険を回避すると→❷本人のプレッシャーが緩和される」と考えます。

練習問題　小学５年生女児のケース

　22〜23ページの事例をアセスメントし、問題行動をめぐるストーリーを見立てましょう。

① 22〜23ページの情報を読み上げて共有します。
② 33ページからのインストラクションを参考に、第１段階「登場人物の困っていること」を考えて赤色で書き、「ホワイトボード・ミーティング用アセスメント支援スケール」❶〜❼を活用し、問題行動のストーリーを見立てます。

　見立ての例は52ページに、支援・指導計画の一例は64ページに、観察（その後の様子）は、72ページに紹介しています。

「ホワイトボード・ミーティング用アセスメント支援スケール」の活用方法

それでは13ページの「ホワイトボード・ミーティング用アセスメント支援スケール」について詳しく説明します。アセスメントの第2段階で、❶～❻に該当する情報に赤色で番号をつけ、線を引きます。❼はホワイトボードの左下に書きます。何例も繰り返し慣れてくると、アセスメントしながら支援・指導プランを話し合えるようになります。練習を積み重ねると精度とスピードをアップできます。

❶生命・身体の危険を回避します

最優先の項目です。本人被害、本人加害、それ以外でも、生命や身体の危険がある場合は、まず、これを回避する作戦をたてることが、最初に取り組むべきことです。

インストラクション1

まずは情報のなかに、生命・身体の危険はないかどうかを探します。すでに危険、このまま続くと危険にさらされる情報も含めて探します。ホワイトボードに近づいて、どうぞ情報を確認してください（なければ、ないことを確認します）。

アセスメントのポイント

- □ 1　本人が被害者である情報を探します
- □ 2　本人が加害者である情報を探します
- □ 3　本人に関係しない情報も探します
- □ 4　すでに切迫している情報と、中・長期的に切迫が予想される情報を確認します

支援・指導のポイント

- □ 1　現在、切迫している情報はすぐに回避する作戦を考えます
- □ 2　中・長期的に切迫が予想される情報は、改善に向け取り組むことを考えます
- □ 3　中・長期的な情報が切迫した状況になったときの、見極めポイントを確認します
- □ 4　見極めたあとの選択肢を準備しておきます
- □ 5　選択肢を選ぶ方法と手続きを確認しておきます

1 暴力はどんな理由があってもダメです

　暴力を体験的に学んだ子どもは、生きづらさを背負います。暴力に正当な理由は、何一つありません。子どもを被害者にも加害者にもしない。学校での暴力は止めることが先決。学校は子どもの生命・身体の危険を回避するために、情報をキャッチして適切に支援・指導することや「暴力以外のコミュニケーション」を体験的に学び直す役割をもちます。例えば「イライラして感情のコントロールができない」ときは、「近づかない。離れる」選択もあり。体験的に学び直します。

離れることも選択肢の一つ

2 家庭にポジティブな会話のきっかけを届けます

　中学生男子転校生。遅刻指導で反抗したので、男性教諭が殴るフリをしたら、突然、キレて「オマエもか。オマエも殴るのか」と、大声で泣き叫ぶパニックに陥りました。転校前に受けた父親からの激しい暴力が、フラッシュバックしたようです。暴力によるダメージは根強く心に刻まれ、不信を育みます。パニックになるとどんな声も届きません。落ち着いてから暴力以外の方法で話を聴き、伝えます。また、家庭でもポジティブな会話で親子の関係がやわらかくなるように、一筆箋で学校での子どもの様子を伝えます（71ページ）。

一筆箋でチャンネルを開通する

3 見通しをもってかかわる作戦をたてます

　ネグレクトで、食事の心配な子どもがいます。まずは給食を楽しみながら、モリモリ食べることが大事です。子どもの発育や健康が心配なときは、家庭の情報を丁寧に集め、切迫具合をアセスメントします。例えば「ちゃんと食べさせていますか」と懐疑的なアプローチをすると家庭から強く拒否されます。まずは信頼関係づくりから始めます。一方で、子どもが食事をとる工夫や、関係機関と協力してヘルパー利用で家事援助サービスを受けるなど、選択肢を準備し作戦をたてます。生命の危険があるときは、入院や一時保護へとつなげます。

楽しみながら食べることは大事

Lesson3　アセスメント（収束）の進め方　39

❷本人のプレッシャーを緩和します

本人にとってプレッシャーになっている情報を探します。プレッシャーが緩和されると、緩やかに問題行動は落ち着きます。

インストラクション2

　では、Aちゃんにとって、プレッシャーになっている情報を探します。プレッシャーが緩和されると、緩やかに問題行動は落ち着いていきます。今、どんなプレッシャーを感じているか。また、それはいつ頃から始まったのか。プレッシャーの転機を探すことも経過を見ていくときには、大事な視点です。では、探してみましょう。

アセスメントのポイント

- [ ] 1　Aちゃんが、プレッシャーと感じている情報を探します
- [ ] 2　例えばAちゃんが、「イヤ」だと思っていること
- [ ] 3　例えばAちゃんが、怖がっていること
- [ ] 4　例えばAちゃんが、イライラすること
- [ ] 5　例えばAちゃんが、不安や心配、寂しさや悲しさを感じていること
- [ ] 6　例えばAちゃんが、面倒くさがっていること、疲れていること
- [ ] 7　例えばAちゃんが、わからないことが続いていること　　　　　などです

支援・指導のポイント

- [ ] 1　プレッシャーを緩和すると、Aちゃんは落ち着きます
- [ ] 2　落ち着くまで、しばらく時間はかかりますが、やがて落ち着きます
- [ ] 3　プレッシャーを緩和しても落ち着かない場合は、ほかにプレッシャーがあります
- [ ] 4　プレッシャーの原因が何かを、上手に聴きます
- [ ] 5　聴けない場合は無理をしません。「何かあったら話してね」と伝えておきます
- [ ] 6　雑談や楽しい話ができる関係であることは、とても尊く、大事です
- [ ] 7　自分の抱えるプレッシャーを「わかってくれている人」がいることは大事です
- [ ] 8　本人がプレッシャーを自覚できていないときは、オープン・クエスチョンで話を聴きながら、本人が意識化できるように整理してフィードバックします
- [ ] 9　プレッシャーの回避、軽減策を考えます

1　強いプレッシャーを受け続けると混乱します

　問題行動を起こすとき、必ず、子どもは何かプレッシャーを感じています。「困った子」は「困っている子」です。プレッシャーを緩和すると、問題行動も少しずつ緩和します。逆に、厳しく、口うるさい注意指導を続けると、プレッシャーや混乱が増し、問題行動が複雑化、激化します。わからない授業もプレッシャーの一つです。例えば、授業中の立ち歩きは、歩きたいのではなく、授業がわからない、不安があるなどのプレッシャーが理由です。インストラクションや授業を工夫すると緩和します。

まずは「わかること」からスタート

2　学校以外にも子どものプレッシャーはあります

　家庭や塾、スポーツクラブなどでの厳しい勉強や練習、周囲の期待もプレッシャーになります。期待に応えているときですら、プレッシャーを感じています。大人以上に忙しい毎日を送っている。夜遅くまで、ひとりで留守番をしている。家事や兄弟姉妹の世話を引き受けている。親のグチを聴き続けているなども「しっかりしてる」ように見えても、子どもにとっては大きなプレッシャーになるときがあります。ホッとできる時間があることが大切です。

楽しく話せることはトテモ尊いこと

3　友達関係がプレッシャーになることもあります

　友達になじめない。陰口、メールでのいじめなど。友達関係をめぐる揉め事やプレッシャーは、子どもの成長段階に応じてあらわれます。

　狭い教室では、無策であればトラブルは起こるものです。無用な対立を起こさない良好なコミュニケーションを戦略的に育む。育ちに必要なトラブルの解決方法を体験的に学ぶ作戦が必要です。「会社活動」など、子どもたちが多様につながる仕掛けをクラスにつくります（71ページ）。

「会社活動」でつながりづくり

❸キーパーソンのプレッシャーを緩和します

本人に影響力が強い人にかかるプレッシャーを探し、緩和します。キーパーソンのプレッシャーが緩和されると本人へのかかわりが和らぎ、本人が落ち着いていきます。

インストラクション３

　Ａちゃんにとってのキーパーソンを探し、プレッシャーを緩和します。Ａちゃんへのかかわりが和らぎ、しばらくするとＡちゃんは落ち着いていきます

アセスメントのポイント

- □１　通常、多いのは、母親か父親、またはその両方です
- □２　しかし、必ずしもそうでないケースもあります
- □３　キーパーソンがプレッシャーと感じている情報を探します
- □４　例えばキーパーソンが、「イヤだ」と思っていること
- □５　例えばキーパーソンが、怖がっていること
- □６　例えばキーパーソンが、イライラすること
- □７　例えばキーパーソンが、不安や心配、寂しさや悲しさを感じていること
- □８　例えばキーパーソンが、面倒くさがっていること、疲れていること
- □９　例えばキーパーソンが、わからないことが続いていること　　　　　などです

支援・指導のポイント

- □１　キーパーソンのプレッシャーを緩和すると、Ａちゃんへの対応がやわらぎ、Ａちゃんが落ち着きます
- □２　落ち着くまでしばらく時間はかかりますが、やがて落ち着きます
- □３　プレッシャーを緩和しても落ち着かない場合は、ほかにプレッシャーがあります
- □４　プレッシャーの原因が何かを、上手に聴きます
- □５　聴けない場合は無理をしません。「困ったら相談してください」と声をかけます
- □６　先生とキーパーソンが、子どもの健康や成長を共に願い、喜び合う関係であることは、とても尊く大事です。言葉にして伝えます
- □７　学校からの声かけやかかわりが、キーパーソンのプレッシャーになっていることはとても多いので、丁寧にアセスメントしてネガティブなかかわりを減らします。まずは信頼関係をつくることからスタートです

1　プレッシャーが緩和すれば、子どもへのかかわり方がやわらかくなります

　例えば、保護者が仕事や生活に追われるとストレスがたまり、子どもへの接し方はきつくなりがちです。いつもは許せることが許せなくなり、子どもは混乱を深めます。キーパーソンのプレッシャーを緩和することは、子どものプレッシャーの緩和に大きく貢献します。特に毎日の子どもへのコミュニケーションがやわらかくなることが大事です。学校と家庭、キーパーソンが「一緒に子どもを育てていく」「子どもの健やかな成長を願う」パートナーであることが大事です。

先生のかかわり方が大事

2　信頼ベースのチャンネルを回通します

　問題行動が多いと、家庭への連絡は「残念なこと」が多くなります。「宿題を忘れました」「けんかをしました」「ガラスを割りました」など学校からの連絡が残念な内容ばかりだと、キーパーソンのプレッシャーは高まり、子どもや学校への対応も厳しくなります。連絡の方法も作戦が必要です。まずは、キーパーソンと信頼関係をつくることが優先です。キーパーソンを支え、信頼関係をつくる人（役割）を決めることからスタートします。

問題が起こる前に「一筆箋」で情報共有

3　キーパーソンが安定する方法を考えます

　保護者がメンタル面で課題を抱えていたり、生活習慣や自身の養育者との愛着形成を体験的に学んでいないと、子どもの養育環境が不十分であったり、子育てや自分に自信がもてず不安定になりがちです。キーパーソンの大きなプレッシャーが、子どもにも影響します。

　子どもの育ちにはキーパーソンの安定が不可欠です。関係機関と役割分担をしながら、家庭と子どもの育ちを支えるチームをつくり、安定的な生活をサポートします。そのためにも、早めに情報を共有し、ホワイトボードケース会議で話し合います。

担任が抱えこまず相談

Lesson3　アセスメント（収束）の進め方　43

❹過刺激をとります

刺激が強すぎるため、無用な混乱や反抗を招いている「過刺激」をとります。

インストラクション4

　Aちゃんにとって、過刺激であることをとります。問題行動を起こすときは、心の体力が冷えています。心の体力が温かいときなら、大きな問題にならずにすむことが、心の体力が冷えているがゆえに過剰に反応してしまうことがあります。友達や教職員、家族などの、かかわり方や環境などで刺激が強すぎて、無用な混乱や反抗を招いてしまっている情報を探します。

アセスメントのポイント

- □1　先生の対応で、Aちゃんにとって過刺激なところを探します
- □2　友達や周囲の対応などで、Aちゃんにとって過刺激なところを探します
- □3　家庭環境で過刺激なところを探します
- □4　そのほか、人間関係や環境的に過刺激なところを探します
- □5　例えば「もう、知らんぞ」などの見捨てられ感を深める言葉は、離別体験をした子どもにとっては、フラッシュバックを起こすので過刺激です

支援・指導のポイント

- □1　過刺激をとると、無用な反応を引き起こさず、Aちゃんがラクになります
- □2　いつも教室で一番前の席に座っているなどは、一般的には過刺激です
- □3　いつもは平気なことが、心の体力が冷えていると過刺激になります
- □4　適度に距離をおくことも、過刺激をとる有効な一つの手段です
- □5　急激に過刺激をとることで、本人の不安が高まり、愛情確認行動や混乱が一時的に高まるときがあります
- □6　そのときには、なぜ、そうするのかを「子どもの成長を願う、ドキドキ、ワクワクのチャレンジ」にして、インストラクションすることが大事です
- □7　一気に過刺激をとると本人が混乱します。徐々に刺激を弱めることに移行したり、本人もまわりにとってもOKの方法にすり替えていきます

1 過刺激な対応をしません

　例えば「授業に集中しないから」といつも席が前だと、子どもは常に、先生からの指導的なかかわりを感じます。ポジティブでも、ネガティブでも、ほかの子どもたちと比べると常に距離が近く、かかわりも多く、過刺激です。複式学級などの少人数クラスも同様に、先生からの働きかけが多く、自分で考えて行動する前に、先生から指示が出ることがあります。かかわりが過刺激になりがちなときは、引いてみることが大事です。クラス全体へのインストラクションで、適度な距離感でかかわります。

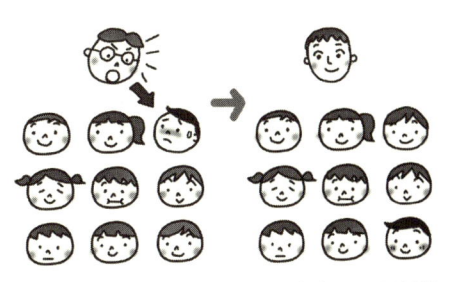

気になる子が見えすぎると、先生にも過刺激

2 注意・指導場面で過刺激にならず、日常の肯定的なかかわりを大事にします

　私たちは反応を求めます。一番うれしいのは肯定的な反応。次に注意、指導でいいからかまってもらうこと。一番いやなことは「無視」です。無視は反応がないので不安になり、「怒られる」でもいいから、かかわってほしくなります。そのため、さらに怒られるような「愛情確認行動（試し行動）」をします。一見、好き勝手に暴れているように見えますが、満たされていません。無視よりは、怒られたほうが安心です。でも本当に欲しいのは OK です。注意・指導以外の日常場面で安心を感じる「これで OK」のかかわりをつくり続けます。

問題が起こる前に、3分面談で関係づくりを

3 感情的な注意・指導で「問題行動の激化」を招きません

　廊下で通りすがりに注意をしたとき、子どもが反抗的で「その態度はなんだ」と先生がエキサイトする場面。両者とも引けなくなり、対教師暴力や器物破損事件に発展。警察の通報に至ることもあります。家庭状況が厳しい、友達の前だと引くに引けないなど「子どもの状態」をアセスメントせず、感情に任せた対応は過刺激になり、不幸です。してはいけないことを伝えたあとは、注意・指導は落ち着いた環境で心配していることを伝え、子どもの思考を深めて本人が選択を重ね、エンパワーすることが基本です。

通りすがりにも OK を出す

Lesson3　アセスメント（収束）の進め方　**45**

❺強みを強化して役立てます

得意なことを役立てます(狭義)。また、「普通にうまくいっていること」(広義/過去も含む)には何か理由があります。その理由や方法を分析し、ほかにも役立てます。

インストラクション5

Aちゃんの強みを探します。好きなこと、得意なことも大事ですが、普通にうまくいっている(いっていた)ことも探します。そこにはうまくいく理由があるので、分析します。

アセスメントのポイント

- [ ] 1　Aちゃんが好きなこと、得意なことを探します(過去でもよい)
- [ ] 2　Aちゃんが普通にうまくやれていることを探します(過去でもよい)

支援・指導のポイント

- [ ] 1　普通にうまくやっていることの理由や方法を明らかにします
- [ ] 2　その理由や方法を、ほかでも活用するように工夫します
- [ ] 3　弱みを克服するよりは、まずは強みを強化することのほうが先決で有効です
- [ ] 4　例えば「教室で落ち着いて授業を受けないなら、クラブを辞める」などの約束は、強みを弱体化するので、NGです
- [ ] 5　強みを活かせる環境を継続します
- [ ] 6　ことさらに褒める必要はありません。エンパワーし続けます
- [ ] 7　Aちゃんだけでなく、クラス全員の強みが活かされる仕組みをつくり、活用します。Aちゃんだけを特別扱いしない。会社活動などを通じて学級経営のなかに1人ひとりの強みを活かす仕組みがあることが大事です

1 好きなこと、得意なことを活かせる仕組みをつくります（狭義の強みを強化）

　昆虫や動物が好き、電車が好き、折り紙が好きなど、私たちには個別の強みや個性があります。未来の昆虫博士、運転手、折り紙アーティスト、元気な営業マンになるかもしれない子どもたち。強みを活かして強化します。

　例えば、会社活動（71ページ）で、教室の中に「好きなことで人の役に立つ」活動があると、子どもたちは自分の個性を活かすことができます。好きなことに取り組む落ち着いた時間と、好きなことでつながる友達もできます。

「生きもの博士」誕生への道！

2 普通にできている理由を分析し、ほかの場面にも活用します（広義の強みを強化）

　授業中、机に突っ伏している、立ち歩くなど、授業態度に問題がある子どもたち。しかし、丁寧に情報を集めると「算数の確認テストは落ち着いて取り組んでいる」「辞書引きは楽しく夢中にやっている」「理科は得意」など、普通にやっている場面があります。そこには、必ず理由や仕組みがあります。

　授業以外にも、クラブや友達関係など特に問題行動を起こさず、普通にできている場面の理由を丁寧に分析し、ほかの場面でも活用します。

「この方法ならやれる」があります

3 強みを活かせる場面を大事に温めます

　「約束を破ったらクラブを辞める」は、せっかくの強みを弱める残念なアプローチです。強みを取り上げられると、私たちは一気にパワーダウンします。弱みの克服を支えるためにも、まずは強みを強化し、エンパワーすることを優先します。約束を守れないときにも、理由やストーリーがあります。それを認める必要はありません。ムリヤリ良いところを探して、褒める必要もありません。やろうとする気持ちを「わかってくれる人」がいること。温かく励まし続けてくれることが、エンパワメントなアプローチです。

わかってくれる人の存在はエンパワメント

❻言葉や態度の意味を翻訳し、問題行動のストーリーを見立てます

反抗や問題行動は「愛情確認行動」であることが多く、言葉どおりに受け取りません。言葉や態度をしっかりと翻訳して受け止め、ストーリーを見立てます。

インストラクション6

　Ａちゃんの言葉や態度のなかで注意指導をよく受けることや気になる行動を探します。「本当はこう伝えたい」けど愛情確認行動（試し行動）として、逆の反応や行動になってしまっていることや「何かを伝えたいことのサインではないか」と思うところを探し、翻訳します。

アセスメントのポイント

- ☐１　言葉や態度をそのまま受け止めず、翻訳します
- ☐２　近い関係（保護者や担任の先生）には、特に愛情確認行動が多くなります
- ☐３　「みんなでいるとき」と「担任と２人きり」では、態度が違うことがあります
- ☐４　Ａちゃんが、本来、欲しい結果を得るまで愛情確認行動（試し行動）は続きます
- ☐５　Ａちゃんが、本来、欲しい結果を得ることなく、愛情確認行動（試し行動）を制限、阻止されると、さらに激化するか、パワーレスな状態になることがあります
- ☐６　Ａちゃんが、本来、欲しい結果を得たとき。最初は喜んで受け止めていても、すぐに不安を感じ、さらに強い刺激を求めて愛情確認行動を続けることがあります
- ☐７　またシンプルに「どうしていいかわからない」ゆえの反抗や問題行動もあります
- ☐８　問題行動が激化したり、落ちついた転機を見つけ、ストーリーを見立てます

支援・指導のポイント

- ☐１　問題行動を翻訳し、ストーリーの見立てをケース会議参加者で一致します
- ☐２　「大切に思っている」ことを効果的に伝え続ける工夫が大事です
- ☐３　家庭に子どもの問題行動を伝えるときには、子どもの言葉や態度を翻訳して伝えることが大事です
- ☐４　子どもが本来、欲しい結果が、的確に家庭から子どもに届くように支援します
- ☐５　それがむずかしいときは、別の方法を考えます
- ☐６　見捨てられ感を深める言葉を言いません
- ☐７　怒るときはあっさりと。以前のことをもち出しません
- ☐８　本人にも自分の言葉や態度の意味を翻訳して伝えることが大切なときがあります

1　保護者や養育者への愛情確認（試し）行動は多くなります

　心の体力が冷えると、自分の存在へのOKが欲しくなります。素直に言葉で問えないときには、自分の大事な人に「困ったこと」をして愛情を確認します。良いときも、悪いときも。大事な人が見捨てずに、温かく迎え、心配をしてくれる日常の繰り返しのなかで、子どもたちは、特定の愛着を形成し、自分の自尊感情（自分へのOK）を体験的に学びます。困った態度や言葉も、本当に伝えたいことは別にあることが多いです。思春期、反抗期はなおさらです。しっかりと翻訳して受け止めます。

ホントは抱きしめてほしい

2　担任の先生への愛情確認（試し）行動は多くなります

　担任は、それだけで「特別」です。どんな先生でも、基本的に子どもたちは先生のことが好きだし、わかってもらうことを期待します。だから「担任にわかってもらえない」と過剰に反応し、反抗します。保護者や養育者に愛情確認がむずかしいときは、担任が対象になることもあります。翻訳して受け止めます。

　担任と子どもが、確実に、公平に、つながるためには「振り返りジャーナル」が基本です。信頼ベースのチャンネルがある。ポジティブなフィードバックを日常的に可視化することからスタートです（70ページ）。

最初から信頼でつながることが大事

3　上手に翻訳できず、受け止めてもらえないと、さらに行動が激化します

　厳しく指導された小学2年生が、教卓から「死ぬ」と言いながら落ちようとします。高さ的には死ぬことはなく、ふざけているように見えるかもしれませんが、「死にたいと思うほどつらいと感じている」と翻訳して受け止めます。伝えたい気持ちが受け止められず「死ぬと言ってはダメ」「落ちたらダメ」と行動を封じ込められると、さらに気持ちを伝えるために、行動が激化していきます。またシンプルに、どうしていいのかわからないときも問題行動を起こすことがあります。

問題行動の意味を翻訳する

Lesson3　アセスメント（収束）の進め方

❼最高と最低の状態を予測し、今の状態から
　スモールステップを積み上げます

急激に状態が良くなることはありません。時間がかかります。現段階で予測される最高と最低の状態から、現在位置を確認し小さな成功体験を積み上げます。

インストラクション 7-1

次に❼にうつります。例えば、Ａちゃんの状態が、急激に良くなることはむずかしいです。急激に良くなったとしても、また急激に落ち込んで、さらに困難さが増します。そうならないためにも、最高と最低の状態を予測し、これ以上、悪くならないために、今の状態からスモールステップで小さな成功体験を積み上げることを大切にします。

それでは、今後、予測されるＡちゃんの「最高の状態」と「最低の状態」を考えてみましょう。ご意見のある方、お願いします。なければペアでお互いの考えを聴き合ってみましょう。（1分後）意見を回収します。いかがですか？

アセスメントのポイント

☐1　最高の状態をホワイトボードの左下に赤色で書いておきます
☐2　最低の状態をホワイトボードの左下に赤色で書いておきます

支援・指導のポイント

☐1　最低の状態に向かわないことを大事にし、参加者全員で確認します
☐2　しかし、最高の状態にすぐになるわけではありません
☐3　焦りは禁物です。緩やかに少しずつ、スモールステップを積み重ねます
☐4　少しうまくいったからと欲張らない。少しうまくいったことを大事に続けます
☐5　最初は2週間くらいでスモールステップをあがります
☐6　最初のスモールステップを大事にし続けると、2カ月後には成長を感じます
☐7　その状態を大事にエンパワーし続けると、2学期終盤には大きな成長を感じます

インストラクション 7-2

急に最高の状態になることはむずかしいですが、今の状態を大切に、これ以上、最悪の状態に近づかないために、スモールステップで具体的な作戦を考えていきましょう。

1　最低の状態に向かわないことを大事にします

　問題行動は、子どもの体験的な学びの成果です。突然に見える行動も、粛々と事態は進行していて、「このタイミングで表面化した」ととらえます。だから、急激に状態は良くなりません。時間がかかることを前提に、短期、中期、長期的な視点で作戦を考えます。最高の状態を予測したあとは、このまま状態が悪くなれば、どうなるのかを全体で確認します。そして、これ以上、悪くならないことを最優先に考えます。そのために力を合わせて支援・指導します。

これ以上、悪くならないことを優先

2　超スモールステップでよい。それを積み重ねます

　的確にアセスメントし見立てを一致して、支援・指導を続けると効果が出てきます。子どもの状態が少し落ち着くと、つい「もっと良い状態」を求めたくなりますが、焦りは禁物です。今、少し落ち着いたことを大事にキープしながら、超スモールステップを積み重ねていきます。

　落ち着いたように見えても、子どもは揺れます。何度も揺れたり、退行したり、失敗を繰り返します。「十分な体験の量」がたまり、グッと飛躍するまでには時間がかかります。

落ち着く場面が増えてくる

3　2学期の終わりごろに、大きな変化が見えます

　効果的な支援・指導があれば、大きな困難を抱えていても最初の2週間で少し落ち着き始めます。2カ月後には周囲も「ずいぶんと落ち着いた」と思い始めます。集団行動は、相変わらず苦手かもしれません。でも、周囲のかかわり方も変わってくるので、子どもはラクになり、落ち着きます。クラスが信頼ベースだと、2学期の終わりには肯定的な成功体験の量が十分にたまり、周囲も驚くような力も発揮します。2学期終盤も荒れているなら、支援・指導が間違っています。

時間はかかるけど、だいじょうぶ

アセスメント　小学5年生女児の事例（22～23ページ）
……Aちゃんの問題行動をめぐるストーリーの見立ての例

◎Aちゃん
①4年生まで特に問題はなかったが、母親の再婚や職場復帰など、親子関係や生活環境に大きな変化があり、寂しさを感じています。祖母の入院が拍車をかけています。そのことがうまく母親に伝わらず、学校からの連絡で余計に怒られる悪循環です。
②新しい父親は情報が少なく、どのような関係か不明です。
③寂しさやイライラの感情コントロールがうまくできません。4年生までは、やり過ごせていた友達とのやりとりに過剰に反応し、Bちゃんをメールで傷つけ、男子とけんかをし、トイレに閉じこもり、手にハサミをあてるなどの問題行動につながっています。
④さまざまなサインを出していますが、母親や周囲にうまく届かず、怒られることが増えています。そのため、手にハサミをあてるなど、さらに激しくサインを出しています。
⑤特に「トイレに3時間こもった」ことが、Aちゃんの大きな失敗体験になりました。3時間こもるには、大きなエネルギーが必要です。好き勝手な行動に見えますが、気持ちが満たされたわけでありません。教室にも戻りにくく、孤立感を深めています。
⑥Bちゃんとの関係は、「納得して……」とありますが、納得して謝ったわけではありません。

◎母親との関係
①再婚、職場復帰と人生の転機を迎え、充実しています。生活状況の変化により、Aちゃんへの関心やかかわる時間が4年生時と比べ、減少傾向です。
②学校から注意、指導的な連絡が多く、Aちゃんへの対応は厳しくなる逆方向です。
③以前に比べ、母も忙しく、プレッシャーを感じています。
④思春期、反抗期にさしかかるAちゃんの成長への理解が不足しているかもしれません。
⑤Aちゃんの問題行動について、怒る以外の方法が、わからないのかもしれません。
⑥また、忙しくてそれどころではないかもしれません。

◎父親について
①情報が少ないことがわかります。Aちゃんとのかかわりも見えてきません。
②母親が夜勤のときは、Aちゃんと2人で過ごしている可能性が高いです。

◎Bちゃんや男子との関係について
①普段は、つかず離れずで、良好な関係を保っていました。
②現在は、Bちゃんの行動が、Aちゃんにとってはなんらかの過刺激になっています。
　➡トラブルは、さらに情報を集めてアセスメントすると、理由が見えてきます。

> **Ｂちゃんとのトラブル（Ａちゃんにオープン・クエスチョンで深めてわかったプロセス）**
>
> ①遅刻をしてきた日に、ヤバイなあと思いながら教室に入った
> ②合唱コンクールの練習をしていたけど、遅刻してきたし、すぐに歌えない
> ③先生にも「ちゃんと歌いなさい」と言われて気持ちが下がった
> ④朝の練習のあと、算数の時間に先生に「こんな問題もわからないの」と言われた
> ⑤わからんもんは、わからない
> ⑥休み時間になって、いつもの女子３人で集まって話してたら
> ⑦Ｂが来て「練習頑張ろう！」とか張り切っていた
> ⑧張り切るのはいいけど「Ａの好きな曲じゃなくてごめんね」とか言うのがうざい
> ⑨別に私は気にしてないし。そんなん言われたら、よけいにヤル気なくすし
> ⑩その日は家でひとりで、やることなかったからＢにメール送った
> ⑪親にちくられて、怒られたときも「Ａの好きな曲じゃなくてごめんね」とか、また言ってきたので、よけいにムカついたけど
> ⑫面倒くさいから、先生の言うとおり「ごめんなさい」って謝った
> ⑬それで終わりと思ってたのに、男子がエグザイル、エグザイルとか言うし
> ⑭「オマエ、エグザイルの曲が負けたからすねてるやろ」とか言うし
> ⑮ムカつくから殴った
> ⑯夜になってもムカつく気持ちがおさまらないから、Ｂにもう一回メールを送った

◎担任との関係について
①寂しさやイライラから、担任への愛情確認（試し）行動が多くなっています。
②トイレで１時間、担任が対応したことで、余計にトイレから出にくくなりました
　➡担任をひとり占めできて、寂しい気持ちが、やや満たされてしまった
　➡担任が１時間、教室を不在したことで、問題が大きくなってしまった
③サインが伝わらず、さらに愛情確認行動が激しくなっています。

◎今後の予測
　最高の状態は、落ちついてクラスで過ごせる。Ｂちゃんや男子とも仲良くなる。最低の状態は、クラスのなかで孤立し、さらに成績が下がる。力でクラスを支配するか、無気力になり遅刻が増え、教室や学校から離れてしまう。これ以上、悪くならないために、具体的な次の一手となる作戦を考えます。

エピソード④ 言葉や態度を翻訳するから方策が見つかる

　携帯電話やゲーム機もなしに、トイレに3時間こもるには、大きなエネルギーが必要です。「好き勝手な行動」に見えますが、Aちゃんには、孤独を深める「満たされない時間」の積み重ねです。

　担任がドア越しにかかわった1時間は、Aちゃんにとっては、寂しさを満たしてくれる甘い時間になりました。そんなつもりはなくても、担任を困らせて、つなぎとめたくなります。担任の対応が厳しいと、さらに孤独を深めます。どちらも教室に戻りにくくなります。

　そして、3時間もこもってみたけど、結局、自分の抱える寂しさが解消したわけではなく、家に帰れば母親からは怒られる悪循環に、さらに心の体力を冷やします。Aちゃんにパワーがあれば反抗を増し、パワーがなければ無気力な、疲れた感じになっていきます。

　こんなときの対応は、①担任がAちゃんに「待っているよ」と伝える、②何分くらいで帰ってくる？」と尋ねる、③「5分くらいで帰ってきてね」と伝え時計を渡す、④その場から離れる、⑤Aちゃんの状態が切迫しているときは、ほかの先生に見守りをお願いする、⑥Aちゃんが気づかないように離れて見守る、⑦Aちゃんが教室に戻ってきたときに、大げさに取り立てず迎える、⑧落ち着いてから、Aちゃんと振り返りの時間をもつ、⑨「振り返りジャーナル」のテーマは「〇〇先生へ　今日感じたこと。なんでもOK！」などにします。

　もし、Aちゃんの状態が切迫しているのなら、違うかかわり方になります。いずれにせよアセスメント次第です。アセスメントとかかわり方の技術を学びましょう！

エピソード⑤ 日常的にアセスメントしながら、かかわれるようになります

　ケース会議で話題になる子どもは、気になる「困った子」です。暴れたり暴言を吐くので「悪いことアンテナ」にバンバン入ってきます。でも、ホワイトボードケース会議でアセスメント支援スケールを活用すると、「いい方向に向かう解決策があるはずだ」と先生も見通しがもてます。子どもの問題行動にいちいち振り回されず、安定的にとらえることができるようになるので、子どもは立ち歩くたびに毎回、注意されなくてすみ、忘れ物のたびに怒られなくなります。「怒る以外にも方策がある」と見通しをもつ先生の視線は、子どもをラクにします。

　でも、すぐに結果はでません。体験的な学び直しは2週間を過ぎる頃から、少しずつ変化が見えてくるなあと思います。半年くらいたつと「変わった」と本人も思えるくらい明らかに成長します。

エピソード⑥ クラスで話し合うのは、十分なプロセスをつくってから

「いじめやけんかがあるので、クラス全員で話し合いをしたいのですが、どうしたらいいですか」。そんなご相談をいただきます。「どうなると思いますか」と質問すると「子どもたちを信じたい」といった曖昧なお返事が多いです。そして失敗します。教育的価値や勝算が見込めないときは、話し合いですべてを解決しようとしません。いたずらに問題を拡散し、加害、被害、当事者でない子どもたちの傷を広げます。プロセスをつくらないと失敗します。

まずは問題が起こる前に「話し合いをしてよかった」体験を積み上げます。
何か深刻な問題が起こる前に、楽しいことや日常の決まりごとについて、ホワイトボード・ミーティングなどで、効果的な話し合いを経験しておきます。楽しい話し合いが成立すれば、トラブル解決の話し合いの方法もイメージしやすくなります。

クラスで話し合う場合は被害・加害の当事者に希望を聞きます。どちらか一方が拒否的なときは、話し合いの価値を丁寧にインストラクションします。この話し合いが自分の成長につながることに双方が納得できることが大事です。
どちらかが拒否しているときは、クラスでは話し合いません。また「注目をされたい」ために話し合いを希望するときもあります。丁寧にアセスメントし、過刺激やプレッシャーにならない選択を大切にします。本人が希望しても対立を深めるだけになるのなら、話し合いません。オープン・クエスチョンで子どもの思考を深めながら、考えを整理していくことに寄り添います。

クラスが成熟していないときは、当事者だけで話し合う、当事者＋数人で話し合う、今は話し合わず担任がそれぞれと話をしてつなぐ、「振り返りジャーナル」に書くなど、さまざまな選択肢のなかから解決への道を選びます。バリエーションは豊富です。そして、一年間が終わるときに、「この失敗があったから、今の自分の成長がある」とそれぞれに実感できる、ドキドキ、ワクワクのチャレンジを積み重ねていきます。

Lesson4 ホワイトボードケース会議の進め方

支援・指導計画（活用）の進め方

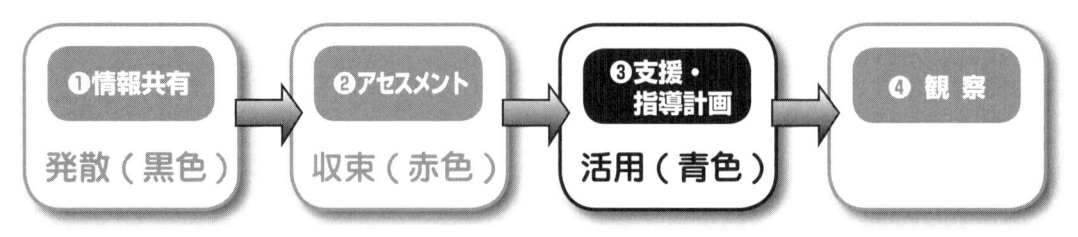

❶情報共有　発散（黒色） → ❷アセスメント　収束（赤色） → ❸支援・指導計画　活用（青色） → ❹ 観 察

　ホワイトボード・ミーティング用アセスメント支援スケール❽〜❿の順番で支援・指導計画を考えます。慣れてくると、日常的に適切なアセスメントをしながら、かかわれるようになります。

支援・指導計画の進め方：活用／青色

ポイント❶　支援・指導の方法を考えるコツ

①子どもの身近な大人との愛着形成をサポートします
②子どもの愛情確認行動（試し行動）の軽減をめざします
③子どもの体験的な学び直しの積み重ねで認知と行動を変えます
④子どもの心の体力を温めます
⑤子どもの自己選択、自己決定を大切にします（モデルとなる選択肢が必要）

ポイント❷　効果的な支援・指導のためには

①子どもが信頼関係を結べる人、安心して話ができる役割を決めます
②子どもの問題行動を過剰に広げません
③子どものかかわり方（特にインストラクション）を工夫します
④普通にうまくいっていることにポジティブなフィードバックを続けます
⑤個性や性格ではなく、役割分担や職業ミッションでチームになって支援・指導します

ポイント❸　クラスで最低限、取り組む活動　　（詳しくは70～71ページ）

①振り返りジャーナル（『よくわかる学級ファシリテーション①』106ページ）
②絵本（物語）の読み聞かせ（同99ページ）
③学級通信と一筆箋（同114～119ページ）
④会社活動（同145ページ）
⑤子どもホワイトボード・ミーティング（同155ページ）

無理なく日常でやり続けることが大事です！　トラブルが起こる前にスタートしましょう！

インストラクション1

　それでは、これまでのアセスメントをもとに、具体的な支援・指導計画を決めます。まずは、順番に具体的な方法や作戦を考えます。考えた作戦を青色で書き、通し番号をつけておきます。

➡アセスメントの経験を積んだ人がいる場合は、方法や作戦を提案します。
➡スーパーバイザーがいる場合は、方法や作戦を提案してもらいます。
➡上記、どちらもいないときは、以下の順番で考えていきます。

以下の具体的な方法を考えます

☐1　生命・身体の危険を回避します（最優先）
☐2　本人のプレッシャーを緩和します
☐3　キーパーソンのプレッシャーを緩和します
☐4　過刺激をとります
☐5　強みを強化して役立てます
☐6　言葉や態度の意味を翻訳し、問題行動のストーリーを見立てます
☐7　最高と最低の状態を予測し、今の状態からスモールステップを積み上げます
☐8　NG（失敗体験）→ OK（成功体験）へ。体験的に学び直します
☐9　何気ない日常にドキドキ、ワクワクのチャレンジがあります
☐10　チームで役割分担して支援します

『よくわかる学級ファシリテーション①――かかわりスキル編』

先生がファシリテーターになるための基本。信頼ベースのクラスづくりは、この本からスタートします。良好なコミュニケーションを育み、クラスがひとつのチームとして成長する。3月に「このクラスでよかった」と子どもも先生も思う。先生＝ファシリテーターのための「かかわりスキル10か条」や5つの技術、「振り返りジャーナル」や「絵本の読み聞かせ」「会社活動」などを紹介しています。
定価1900円＋税　　ISBN978-4-7592-2147-3

Lesson4　支援・指導計画（活用）の進め方　57

❽NG（失敗体験）→OK（成功体験）にする方法を体験的に学び直します

「これをしてはダメ」ではなく「こうしたら、よい」とインストラクション（説明）します。そして、普通にできていることにOKを出し続けます。

インストラクション2

　Ａちゃんの情報のなかで現在、注意・指導されている項目（NG）を探します。これらは、すべて「体験的な学びの成果」ですから、NGの行動に対し、OKの行動（こうすればよい）をＡちゃんと共有し、Ａちゃんが体験的に学び直すまでOKを出し続けます。では、この情報のなかで、ＡちゃんのNG場面はどの情報でしょうか。

アセスメントのポイント

- □1　情報のなかからNG場面を探します
- □2　NGの情報に共通する特徴があれば、赤色で書いておきます
  　　例：感情のコントロールがむずかしい　など
- □3　体験的な学び直しが必要な場面や情報を探します
- □4　何度、注意しても変わらない。改善されないところを探します
- □5　家庭や学校でよく怒られていることを探します

支援・指導のポイント

- □1　体験的な学びが必要なことは、もう一度、学び直します
- □2　もう〇年生なのに……とは言いません。笑顔で学び直します
- □3　「これはしてはダメ！」ではなく、「こうすればよい」と具体的な行動をわかりやすい方法で伝えます
- □4　それを繰り返し、定着するまでOKのフィードバックを出し続けます
- □5　普通にやれていること（強み）にもＡちゃんがOKを感じるようにします
- □6　Ａちゃんに対してだけでなく、クラス全体へのインストラクションのなかで、ＡちゃんがOKをキャッチすることを大切にします

1　体験的に学び直します

　例えば、家庭のなかに「歯磨き」の体験的な学びがないと、子どもたちは、磨く習慣や清潔を身につけずに卒業します。こんなときは、小学校学習指導要領「特別活動」にある「日常の生活や学習への適応及び健康安全」の「基本的な生活習慣の形成」として歯磨きを学校生活に位置づけ、口腔を清潔に保つことの気持ち良さを体験的に学び、習慣化します。「○年だから、できて当たり前」と思いません。できないことも体験的な学びの成果。学び直します。そして OK を出し続けます。

体験的な学び直しが大事

2　NG → OK の学び直しを積み重ねます

　友達にきつくあたる。すぐキレてしまう。暴力的になる。こだわりが強いなど。コミュニケーションに生きづらさを抱える子どもは、常に「それはダメ」の NG メッセージを受け続けています。「こうすれば大丈夫」の OK メッセージは、思った以上に少ないものです。

　感情のコントロールがむずかしくなったとき、どうすればいいのかを、平常時に子どもと一緒に考えます。オープン・クエスチョンで意見を深め選択肢を示し、子ども自身が選びます。失敗したら改善します。そして、OK を出し続けます。

うん。それで OK！

3　全体インストラクションとさりげない個別のかかわりを大事にします

　例えば、プリントをクチャクチャにする子どもには、落ち着いているときに、どうすれば OK かを確認します。半分に折る、ファイルに入れるなど具体的な行動を本人の選択を大事にして決め、「普通にできたとき」に OK を出し続けます。OK の出し方はいろいろです。「振り返りジャーナル」のフィードバックに OK を書く。指で OK を出す。目を見てニコッと笑う。肩をチョコンと触って OK を出す。友達から OK をもらう。クラス全体へのインストラクションのなかで自分も OK であることを確認するなど。過剰でないさりげなさが大事です。

OK を出す方法はいろいろある

❾何気ない日常にドキドキ、ワクワクのチャレンジがあります

毎日の暮らしや教室に、ドキドキ、ワクワクするチャレンジのあることが大事です。学校の役割は、主にここです。

インストラクション3

続けて❾です。Aちゃんの毎日の学校生活や暮らしのなかに、ドキドキ、ワクワクのチャレンジがあることがとても大事です。特に学校が、子どもを支援、指導するときの主な役割は、教室やクラブなどにドキドキ、ワクワクのチャレンジをつくり出すことです。これは、学校にしかできません。では、現在、Aちゃんの学校生活や暮らしのなかにドキドキ、ワクワクするチャレンジはあるでしょうか。探してみましょう。

アセスメントのポイント

- ☐1 ドキドキ、ワクワクのチャレンジに、番号をつけ、線を引きます
- ☐2 ドキドキ、ワクワクのチャレンジになりそうなことには、点線や波線を引きます
- ☐3 なければ「❾はなし」と書いておきます
- ☐4 以前のドキドキ、ワクワクのチャレンジも書いておきます

支援・指導のポイント

- ☐1 基本は毎時間の授業に、ドキドキ、ワクワクするチャレンジのあることが大事です
- ☐2 ドキドキ、ワクワクのチャレンジがあれば大きな強みなので強化します
- ☐3 先生のインストラクションが、ドキドキ、ワクワクのチャレンジを生み出します
- ☐4 クラスが一つのチームとしてめざすゴール(クラス目標)があることが大事です
- ☐5 1人ひとりの子どもにも、ドキドキ、ワクワクする目標があることが大事です
- ☐6 楽しさを共有できるクラスであることが大事です
- ☐7 失敗を笑われない良好なコミュニケーションを教室に育みます
- ☐8 先生がファシリテーターであることが有効です
- ☐9 子どもたちが、ファシリテーターに成長すると可能性が広がります
- ☐10 笑いや悲しみや感動を、クラスのエピソードや絵本や物語などで共有します

『よくわかる学級ファシリテーション①②』をテキストに
一緒に信頼ベースのクラスを広げていきましょう!

1　教室の中にドキドキ、ワクワクのチャレンジをつくります

　学級担任の最大の役割は、子どもたちが、圧倒的に長い時間を過ごす毎日の授業や学級活動のなかに、ドキドキ、ワクワクのチャレンジをつくることです。子どもが厳しいプレッシャーにさらされていても、「どうなるんだろう」「やってみたい」「やれるかも」とドキドキ、ワクワクするチャレンジがある。教室に居場所がある、笑える関係がある、成長を実感できる場面を積み重ねます。家庭環境などによらず、すべての子どもに機会を保障します。

友達と楽しく遊ぶこともチャレンジ！

2　先生のインストラクションが、ドキドキ、ワクワクをつくり出します

　先生がファシリテーターのクラスは、教室移動ですらドキドキ、ワクワクのチャレンジです。すべてはインストラクション次第です。「さっさと行きなさい」「静かにしなさい」ではない。学びの価値をインストラクションし、子どもたちが、自立的に、学びのオーナーとして、チャレンジする。自分やクラスの成長を実感できることが大事です。振り返って次に活かす体験的な学びを積み重ねます。

インストラクションが大事

3　クラスにも、1人ひとりにも、めざすゴールがあることが前提です

　クラスは一つのチームだから、3月には「このクラスでよかった」と思えるように、クラス目標（ゴール）をつくってめざし続けます。クラス目標も、子どもたちがドキドキ、ワクワクを感じることが大事。残念な努力目標にしない。そして本気でめざし続けます。同時に、1人ひとりにも目標があることが大事です。3月には、見違えるほどに成長する、ドキドキ、ワクワクのチャレンジを積み重ねます。

トラブルも自分たちで解決

Lesson4　支援・指導計画（活用）の進め方　61

❿チームで役割分担して支援します

幸せな子ども時代のために、担任や担当者が抱えこまず、チームプレーで効果的にかかわるための作戦をたてます。関係機関や地域資源ともチームになります。

インストラクション4

では、最後に役割分担を決めましょう。効果的な支援・指導のために、教職員や関係機関が役割を分担しながら、進めていきます。

アセスメント／支援・指導のポイント

☐ 1　担任の先生は、学級全体の運営と授業の進行が第一義的なミッションです
☐ 2　授業や学級活動での、Ａちゃんへのかかわり方を考えます
☐ 3　Ａちゃんとキーパーソンとの信頼関係の構築をめざすことは不可欠です
☐ 4　何があっても温かく対応する先生、ときどき話をするいつも笑顔の先生、厳しく規律を示し、指導する怖い先生など。役割分担をします
☐ 5　必要に応じて、専門的な役割をもつ関係機関（子ども家庭センター、保健センター、福祉事務所など）と連携しながら進めます

エピソード❼　情報を共有すれば、役割分担が進みます

　大きな困難が起こっているときは、関係機関が同席してのホワイトボードケース会議を開催します。情報共有が深まれば、それぞれの職業ミッションに沿って、家族を支援・指導するための役割分担が進みます。そのためにも、最初の意見の発散がトテモ大事です。みんなで意見を出し合って、ホワイトボードに情報を集めます。

　ファシリテーターは練習すれば、誰もができます。だから練習することがトテモ大事です。しかし、そのような機会がないのであれば、気づいた人、少し練習した人から、徐々に広げていきます。ホワイトボードが無理ならＡ３用紙でOK。情報を共有していると、職業ミッションに基づいた役割分担が進みます。それぞれの立場や特性、役割を活かし、みんなで力を合わせて幸せな子ども時代のためにできることを組み立てていきます。

1　担任の役割は、クラス全体の学級経営です

　担任のかかわりが課題を抱える子どもに集中すると、そのほかの子どもたちの「不満」がたまります。進行すると「学級崩壊」になり、結局、課題を抱える子どもの居場所もなくなります。担任の第一義的な役割は、学級経営と日々の授業の進行です。まずは、担任がクラス全員と「振り返りジャーナル」などで安定的につながりながら、クラスが一つのチームに成長するプロセスを描きます。そのうえで、個別の支援・指導が必要な子どもには、ホワイトボードケース会議で作戦を練り、チームでサポートします。

担任の第一義的な役割は、クラス全体の学級経営

2　校内のさまざまな立場の人のかかわり方を決めます

　学校には、担任以外のさまざまな役割の人がいます。ホワイトボードケース会議で作戦をたてるときには、各登場人物が、どのような声のかけ方をするのかなど、役割分担をします。例えば、厳しく指導したあとは、保健の先生が温かく迎えるような役割分担があれば、そのバランスのなかで子どもの成長を育めます。これを教職員の個性に任せると、「厳しすぎる」「甘すぎる」とチーム内の関係がギクシャクします。個性ではなく、役割分担で支援・指導します。

個性に任せない。適切な役割分担

3　関係機関と職業ミッションをベースに連携するチームをつくります

　学校の範囲を超えたサポートは、関係機関と連携します。各機関には、固有の職業ミッションがあります。例えば、保護者が不就労の場合、「ちゃんと働いてください」と先生が指導するのは間違いです。保護者の就労指導は、学校の役割ではありません。生活保護受給世帯であれば、就労指導はケースワーカーの仕事です。ホワイトボードケース会議で役割分担をします。情報共有とアセスメントが一致すれば、役割分担が効果的に進みます。

強みを活かし、一つのチームでサポートする

Lesson4　支援・指導計画（活用）の進め方　63

小学5年生女児の事例
……Aちゃんの支援・指導計画の一例

　これまでの話し合いを「支援・指導計画」としてまとめました72ページの「その後の報告メール」も参考にしてください。

◎Aちゃんに対してのかかわり

①落ち着いて話す時間をもちます。「問題行動→話し合い」ではなく、「日常の落ち着いた時間→話し合い」のサイクルをつくります。日時を約束するときに時間の見通しを伝えます（例：10分など）。予定時間よりも少し短めを伝え、予定時間内に終わることにチャレンジします。例えば全3回など、予定も共有し、見通しをもちます。見通しがあると、日常を安心して過ごしやすくなります。緊急のときは、それ以外もOKですが、基本は約束を大事にします（例：月曜と木曜の放課後10分など）。

②オープン・クエスチョンでAちゃん自身が自分の行動を深めて考えることに寄り添います。ポジティブなフィードバックでエンパワーすることを重ねます。

③手首にハサミをあてたことについて、心配していることを伝えます。「手首にハサミをあてるくらい、つらい気持ち」と翻訳して受け止め、オープン・クエスチョンで聴きながら、Aちゃん自身が自分の行動を振り返り、本当に伝えたい気持ちを少しずつ整理します。

④いつも一緒にいる女子3人の関係を強化します。休み時間のトランプや会社活動などで、無邪気に笑いながら楽しく遊べる、話せるきっかけを上手につくり、教室で友達と過ごす楽しい時間があることを伝え、この時間を大切に強化する方法を提案します。

⑤家でひとりになると感情のコントロールがうまくいかないなど、失敗体験を起こすプロセスをAちゃん自身が整理して理解することを促進します。例えば「イライラしたときに、うまくいかないよね」と翻訳して伝えます。

⑥Bちゃんとの関係は、事実関係を確認します。傷つけるメールを送ることは、許されることではないことを誠実に伝え、そのあと、その行動に至ったプロセスを丁寧に聴きます。

　→53ページ「Bちゃんとのトラブル」を参考に、どの時点でどうすればよかったかを振り返ります。

⑦メールでの攻撃では解決しないことを共有し、イライラしたときに、自分の感情をどのようにコントロールするのがよいか、適切な方法をAちゃん自身が選択します。Aちゃんに選択肢がないときは、ヒントやモデルを示し一緒に考えます。同様に、Bちゃんへの謝罪の方法を相談します（NG→OKへ体験的な学び直し）。

　　例：イライラしたときは、学校ではBちゃんに近づかない。離れる。仲の良い3人

で遊ぶ。エグザイルを歌って踊って気を晴らすなど。
⑧例えば、「感情のコントロールがうまくいったときは報告してね」「振り返りジャーナルに書いてね」と伝えます。うまくいったときも、そうでないときも「がんばろうとしているチャレンジ」にOKを出し続けます。
　➡担任との関係がこじれていたり、余力がないときは、別の人が担当します。Aちゃんは、担任への不満を口にしますが、それは受け止めるだけにとどめておきます。担任を擁護する言葉は、Aちゃんにとっては過刺激です。まずは、受け止めて聴き、信頼関係を構築することが大事な役割であり、技術です。

◎授業や学級活動では

①今は意欲的になれない状況なので、Aちゃんの心の体力が少し温まるまでは、目についたことすべてを注意・指導せず、様子を見ながら温かく距離をおき、過刺激をとります。
②注意されないことで、「担任に見捨てられた」と認知しないように、振り返りジャーナルや休み時間でのやりとりを大切にします。
③クラスへの全体インストラクションで、Aちゃんも「今、何をするときなのか」がわかり、Aちゃんが活動に入りたいと思ったときに、合流できる環境をつくり続けます。
④基礎学力があるので、本人の状況が落ち着いてくれば成績は改善します。これ以上、勉強がわからなくなって授業の参加度が下がるのを防ぐことを優先します。
⑤学校として優先事項は遅刻の改善です。今は週に2回5分程度ですが、長じると登校しぶりや不登校になります。丁寧に情報を集めると遅刻のストーリー（例えば、母親が夜勤明けで不在など）が見えてくるのでより詳しく情報を集めてアセスメントしつつ、今の状況より悪くならないために、遅刻をしない作戦を優先します。そのためにも、学校が楽しい場であること、いつも一緒にいる女子3人で楽しく過ごせることが、まず大事です。

◎母親へのかかわり

①一筆箋でAちゃんのポジティブな学校での様子を、日常的に伝えておきます（1学期に3回。課題が大きいときは5回程度）。
②母親が連絡をとりやすい時間と方法を確認して、連絡がとれる状態を確保します。
③母親の人生の転機について受け止め、共感を示します。
　　　例：ご結婚、おめでとうございます
　　　　　お仕事も復帰されたみたいで、お疲れさまです。忙しくなりますよね
　　　　　おばあちゃん、入院されてご心配ですよね
④Aちゃんの行動を翻訳して伝えます。
　　　例：生活環境の変化のなかで、戸惑いや寂しさを感じているようです
　　　　　思春期にさしかかり、反抗することで母親に愛情確認をしようとしています

　　　　祖母の入院で、Ａちゃんの寂しさも増しているようです
　　　　不安や寂しさが増し、感情コントロールできず問題行動を起こしています
　　　　小学５年生は、一見、心配ないように見えても、特に変化のあるときは退行（赤ちゃん返り）して、親や周囲の愛情を享受したいと思うものです。
⑤一緒にＡちゃんを支えていきたいことを伝えます。気になることを聴きます。
⑥とにかく遅刻だけは、なんとしても食い止めたいことを伝え、朝、Ａちゃんが無事に登校する方法について、お母さんと一緒に作戦を練ります。
⑦Ｂちゃんへの対応について説明します。母親の意見を聴きます。
⑧心配なことがあったら、いつでも相談してくださいと伝えます。
⑨父親の情報がないので、何気ない話のなかで意識して情報を集めたり、尋ねたりします。

◎Ｂちゃん
①Ｂちゃんが意欲的に合唱の練習に取り組んでいることにポジティブなフィードバックをします。先生がわかっていることを伝えることは、とても大事です。
②Ａちゃんからのメールがきたときの状況や気持ちを聴きます。深めることで、フラッシュバックしてプレッシャーになるようなら、事実確認のみで終わります。
③Ａちゃんが本気で「死ね」と思っているわけではないことを翻訳して伝えます。
④Ａちゃんにどのように謝罪をしてほしいかを相談して決めます。
　　　例：直接、顔を合わせて話し合う
　　　　　先生から伝える　など
⑤謝罪をしたあとは、「小さなやり直し体験」ができることが大事です。
　　　例：しばらくは距離をとりながらつきあうこと
　　　　　しばらくは距離をおきながらも、それぞれにゲームに参加して楽しい思いをする
　　　　　しばらくは一切、話をしないようにする
⑥今後、また同様のメールが送られてきた際の対応を相談して決めます。
　　　例：担任に報告する
　　　　　返事をしない。無視をする。距離をとる
　　　　　本人と直接、話をする
⑦Ｂちゃんが、楽しく、充実した学校生活を送る方法を一緒に考え、家庭とも共有します。
⑧特に今は、Ａちゃんの心の体力が冷えて、Ｂちゃんのかかわりが過刺激になっているので、「Ａちゃんは、今、なんだかイライラしているので、あまり声をかけずにおこう」と提案し了承を得ます。
⑨そのうえで、合唱コンクールを成功させるための作戦を一緒に考えます。
⑩Ｂちゃんの家庭への連絡方法を相談します。

インストラクション5

　それでは、具体的な支援・指導の方法や作戦が決まりました。みなさま、お疲れさまでした。次回の会議日程を決めておきます。緊急時の情報や相談は、○○さんにお願いします。緊急時は、○○さんと管理職と私で相談し、対応することでよろしいでしょうか。ありがとうございます。では、次回の会議日程を決めます。（決定後）では、1人ひとことずつ、振り返りをお願いします。時間もないので、ひとことでお願いします。

☐1　それぞれの具体的な作戦と役割分担を決めて青色で書きます
☐2　緊急対応時の連絡先、動き方を確認します
☐3　次回会議の日程を決めます
☐4　時間があるときは、1人ひとことずつ簡単に感想を述べて終わります
☐5　時間がないときは、隣の人とペアで簡単に感想を述べて終わります
☐6　管理職や学年代表などが最後に簡単な挨拶をします

インストラクション6

　ありがとうございました。それではAちゃんのホワイトボードケース会議を終了します。

会議終了後
☐1　会議を終了します
☐2　ホワイトボードの写真を撮影します
☐3　必要であればA3用紙に書き写します（話し言葉→書き言葉に変換）
☐4　必要であれば定型のケース会議書式に結果を整理して記録します
☐5　時間をおいてから改めて情報を読み返すと、新たな名案を思いつくことがあります
☐6　次の会議の際は前回の記録を配布し、共有してから始めます

支援者の技術
　Aちゃんの家庭では、父親とAちゃんが2人きりになる夜があります。この時間をどう過ごしているのかは、心配なところです。胸元が大きくあいた服を着るなどの兆候もあります。「私個人」としては、新しいお父さんが「いい人」であると信じますが、「支援者としての私」は、性的虐待の有無を疑います。虐待は疑わないと見えてきません。「私個人」が、「お父さんが性的虐待をしているのでは？」と疑うのは人権侵害ですが、「支援者としての私」は、その可能性も見据えて子どもを見守ります。Aちゃんとの何気ない会話から聞こえてくる父親の姿、2人の夜の過ごし方の情報収集をし、いざというときに備えます。これは大事な技術です。

Lesson5 ホワイトボードケース会議の進め方

観察の進め方

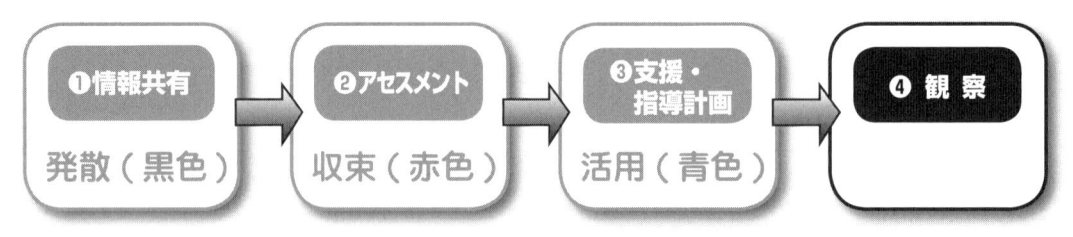

❶情報共有 → ❷アセスメント → ❸支援・指導計画 → ❹観察
発散（黒色）　　収束（赤色）　　活用（青色）

　ホワイトボードケース会議で決まった「支援・指導計画」を実行しながら、子どもの様子を観察します。観察にも技術が必要です。子どもの状態をアセスメントしながら、状況の変化を見守ります。支援や指導の効果をはかり、かかわり方を調整します。
　必要に応じ、担当者で相談したり、緊急ケース会議を開くこともあります。急変がなければ、次回会議まで観察します。やがて落ち着き、ケース会議は必要なくなります。

観察の進め方

☐1　子どもの状態をアセスメントしながら、観察します
☐2　生命、身体の危険があるときは、特に情報を丁寧に集め、観察、回避します
☐3　特に気になるポイントがあるときは、丁寧に情報を集め、観察します
☐4　具体的な取り組みを通じて、子どもの体験的な学び直しを支援します
☐5　支援・指導が効果を発揮すると、ゆるやかに状態は落ち着いていきます
☐6　必要に応じて、担当者で相談をしたり、緊急会議を開くこともあります
☐7　次の会議では、前回の議論やその後の様子を共有してから始めます

　落ち着いたら終わりではなく、授業や学級活動が子どもたちにとってドキドキ、ワクワクのチャレンジの場であることをめざします

❶会議で決まったことを実行する

　ホワイトボードケース会議で決まった支援・指導計画を実行します。Ａちゃんの体験的な学び直しと成長、幸せな子ども時代のために、教職員や関係機関が役割分担をしながらかかわり、効果をはかります。

❷教室での観察は少し引いて見ることが大切

　瞬間的には「それはダメ」と注意したくなる行動も、少し時間をおいて見ていると、「遅れてやろうとする姿」が見えることがあります。すぐに注意をすると過刺激になったり、子どものやり直す機会を奪ってしまいます。

　生命や身体の危険があるときをのぞき、子どもの行動にすぐに反応せず、引いて見る技術が大事です。やり直しの機会を奪いません。

❸全体インストラクションで行動を示し続ける

　Ａちゃんの顔を見てインストラクションすると過刺激になりがちです。また「先生に言われたから動く」体験的な学びを繰り返します。あえて、気になる子のほうを見ずに、クラス全体に向かって「今、何をするべきなのか」をインストラクションし、Ａちゃん自身が、そのインストラクションから情報を得て、自分で行動を選択する体験的な学び直しを繰り返します。特に黒板に行動の手順を可視化して共有することが効果的です。また、うまくいったときは、クラス全員にOKのフィードバックをし、Ａちゃん自身もその一員であることを体験し続けます（『よくわかる学級ファシリテーション①』53ページ）。

❹例えば、手で小さくOKをつくって示す

　過刺激なかかわりに慣れた子にとっては、先生からのかかわりが減ると、急に不安が増し、大きな声で先生を呼びたくなったり、授業中、立ち歩いて近づきたくなります。そのような行動をNGで注意するのではなく、座って普通にしているときに手で小さくOKをつくって示します。「普通に座っていてOK」のサインがあると、安心して席に座ることができます。また、言葉ではなく目や表情で行動を促します。できたときには言葉と表情でOKを示します。しばらくすると慣れてきます。

❺平常時に話をする

　問題が起こってからではなく、平常時に話をします。あらかじめ10分など、時間の見通しを共有し「強みを強化」する話を大事にします。休み時間に3分でもOK。普通に楽しく話ができる関係を大切にします。

　例えば、「振り返りジャーナル」のテーマを「〇〇先生に伝えたいこと3つ」とし、ジャーナルを見ながら話をします。テーマは本人が書きやすいテーマにアレンジすることもOK。

例え、子どもが何も書かなくても、チャンネルのあることが尊いです。励まし続けます。

❻勉強は予習ベースで

　補習でわからないことに取り組むことも大事ですが、例えば、放課後に明日の授業の予習をしておくと、授業の見通しが立つので、翌日の学習内容へのハードルが下がり、授業への参加度が高まります。また繰り返しの勉強で、学力の定着をはかります。

❼『よくわかる学級ファシリテーション』で紹介していることに取り組む

◎まず信頼関係をつくることが大事です

　どんなに正しい意見も、信頼関係がないと心に届きません。だからクラスを信頼ベースでつくること。まずは、担任と子どもたちの間に「信頼ベースのチャンネル」をつくることがとても大事です。

　だから焦って怒りません。関係ができていないのに一方的に怒ってしまうと子どもは心を閉ざします。○年生だから、できて当たり前と思わない。子どもが今、できないことも「体験的な学びの成果」だから、まずはそのことを受け止めて、しっかりとアセスメントし、体験的に学び直すことからスタートします。

◎最低限やるべき活動「振り返りジャーナル」と「絵本の読み聞かせ」

　担任と子どもが「信頼ベース」でつながる「振り返りジャーナル」は、クラス全員の子どもたちと公平につながるツールです。例え、子どもが1行しか書かなかったとしても、それも大事な情報です。つながるチャンネルが開かれていることは、とても尊いです。

　「振り返りジャーナル」は、クラス全員が取り組みます。残念な反省日記にしないことが、とても大事です。丁寧にフィードバックを書くことは、時間がかかるわりに効果がありません。40人分を20分で書くのが目安です。練習しましょう。フィードバックはシンプルでポジティブな言葉を書くだけにします。ネガティブな言葉は書いて残しません。直接、言葉をかけて、話し合うチャンスにします。

　また、クラスで笑いや楽しさ、悲しみを共有するには、絵本や物語の読み聞かせが有効です。クラスみんなで笑う。ドキドキ、ハラハラする。エピソードや物語を共有します（『よくわかる学級ファシリテーション①』99ページ、106ページ）。

『よくわかる学級ファシリテーション②
　　──子どもホワイトボード・ミーティング編』

クラス全員の子どもが、ファシリテーターに成長するホワイトボード・ミーティングの提案です。練習を進めるうちに、クラスに聴き合う関係や子どもたちのオーナーシップが育まれます。話を聴くことが苦手だった子も聴けるようになる。子どもたちが自立した学び手に成長する。学級活動や授業で活用できる取り組み方を紹介しています。
定価1700円＋税　　ISBN978-4-7592-2148-0

◎家庭との信頼関係づくりは「一筆箋」「学級通信」

　子どもの日常の様子は、驚くほど家庭に届いていません。学校で元気に過ごしている「ポジティブな子どもたちの様子」を一筆箋に書いて、家庭に届けます。1学期に1人3回くらいの配布が目安です。連絡帳にセロテープで貼り、クラス全員の家庭に公平に届くようにします。子どもや家庭の状況が厳しいときは、あと2回追加して、プラス5回にするなど、少しケアを強めます。子どもも読めるように書くことが大事です。

　最初は何を書いたらいいのかむずかしく悩むかもしれません。でも大丈夫。クラス全員にひととおり書き終わる頃には、技術も上達します。いいことアンテナをしっかりと磨き、家庭とも信頼ベースのつながりづくりからスタートします（『よくわかる学級ファシリテーション①』114ページ、118ページ）。

◎会社活動

　「自分の好きなこと」で「人の役に立つ」会社活動は、子どもたちの強みを強化し、教室に居場所や多様な関係を育みます。低学年を招き、各会社が企画を練って開催する「会社パーティー」は、とても温かい体験的な学びの場。異学年交流は、自己有用感を高めます。

　最初は「好きな子」の集まりでスタートしがちな会社活動ですが、2学期、3学期と何社か経験を積んで充実してくると「自分の本当にやりたいこと」を選べるようになります。好きなことだから、困難な課題にぶつかっても創意工夫で乗り越え、苦手な子ともつながり合えるようになります。担任の先生の役割は、会社に仕事を発注し続けること。ドキドキ、ワクワクのチャレンジをつくりだす環境整備です。授業や学級活動の準備も「委託」するようになると先生の教室での仕事が減り、子どもたちの活躍の場面が増えていきます。小学6年生以上は、日常的に忙しく、会社活動の時間を確保するのがむずかしいので、行事をプロジェクト制にするなど工夫します（『よくわかる学級ファシリテーション①』145ページ）。

◎子どもホワイトボード・ミーティング

　クラス全員がファシリテーターに成長するプログラムです。主にオープン・クエスチョンを使いながら、意見を深め、具体的なエピソードを共有し、効果的に話し合いを進めていきます。お互いの意見を聴き合う良好なコミュニケーションがクラスに育まれます。

　まずは、クラス全員が公平にホワイトボードに書くことやルールを守ることを体験的に学びます。慣れてきたら、ペアやグループでお互いの意見を聴きながら書くことにチャレンジします。「発散→収束→活用」の話し合いのプロセスを練習したあとは、授業や学級活動で、クラス全員がファシリテーターやサイドワーカー（良き参加者）となり、良好なコミュニケーションで信頼ベースのクラスを支えます。日常のトラブルも、子どもたち自身で解決するようになります（『よくわかる学級ファシリテーション②』）。

その後、報告メールが届きました

　イワセン&せいこさん。その節はありがとうございました。その後のAちゃんですが、とても落ち着いて、楽しそうに学校に来ています。懸念されていた遅刻もなくなりました。すべてがうまくいっているわけではなく、今も揺れてトラブルを起こすこともありますが、ホワイトボードケース会議をしたおかげで、チームで取り組めたことが本当によかったです。以下、ご報告です。

　Aちゃんは、仲の良かった女子3人と一緒に「手芸会社」をつくりました。最初は「エグザイルポーチ」とか「エグザイルのマスコット」をセッセと作っていましたが、クラスの友達のリクエストに応えてAKBマスコットを作るようになり、3年生との会社パーティーで、3年生全員にプレゼントしました。休み時間も熱心にチクチクし、そのうち3人では無理だから「臨時社員募集！」のポスターをつくり、なんとBちゃんも臨時社員になったんです。「3年生の喜ぶ顔が見たい」「自分の好きなことで人の役に立つ」気持ちが、2人の関係を温めてくれました。

　振り返ると、相談したときは、私がパニック状態でした。Aちゃんの問題行動が気になって、気になって仕方がなく、そこから目をそらすことができませんでした。仲の良い3人の友達関係も「ホントの友達じゃない」と決めつけて、3人を引き離すことばかり考えていました。でも、この3人の関係が実は「Aちゃんの強み」と言われたときには、目からウロコが落ちました。そうかあ。これが強みなのか。反対に考えていました。

　授業中もAちゃんのことが気になり、すぐに席に行き「ちゃんとしなさい」と声をかけていました。今、思えば、それも過刺激だったと思います。Aちゃんを余計に追いつめて「プイ」とムクれるチャンスをたくさんつくっていました。Bちゃんや男子と揉め事ばかり起こすAちゃんに「しっかりしてほしい」と願っていたし、どんなトラブルもクラス全体で解決していきたい！　と思っていた私は合唱コンクールが近づくにつれ、「早くクラスでこの問題について話し合いたい」と焦っていましたが、アセスメントを学んだおかげで、今はその時期でないことがよくわかりました。

　もし、あのままクラス会議をしていたら、Aちゃんは素直になれなかっただろうし、ムリヤリにでも「ちゃんと仲良くします」と約束をさせてしまい、そしてまた失敗を繰り返す体験を積んでしまっただろうと思います。また、ほかの子どもたちも無用に巻き込んでしまい、Aちゃんのクラスでの居場所をさらになくしてしまう結果になっていたかもしれ

ません。問題を大きくしなくてよかったです。

　ご家庭には、一筆箋でAちゃんのポジティブな様子を伝えました。最初はポジティブと言われても、特に良い行動があるように見えず、Aちゃんの何を伝えるのか、とても悩みましたが、イワセンのアドバイスどおり自分の「いいことアンテナ」を伸ばして、子どもたちが「元気に学校で笑っている様子」や「さりげなく」あるいは「グン！」とがんばっている姿をご家庭に伝える信頼ベースのチャンネルにすることができました。

　それまでは「何か問題があったら連絡する」だけでしたから、学校からの連絡は「不信ベース」だったと反省しました。学級通信も『よくわかる学級ファシリテーション①』を読んで工夫し、ご家庭からポジティブなフィードバックをいただくようになりました。

　お母さんには「遅刻のこと」に絞ってお願いをしました。お話を聴いてみると、お母さんが「早出」の日にAちゃんの遅刻が多いことがわかりました。これ以上、遅刻を増やさないことが、Aちゃんが安定して学校生活を送ることにつながること。一緒にAちゃんを育てていきましょう！　ということ。そして生活環境の変化のなかで、思春期、反抗期を迎えるAちゃんが不安定になっていることを伝えました。お母さんとは、すでに関係が悪くなりかけていたし、私が若いこともあり、学年のベテランの先生が同席してくださいました。お母さんの話を共感的に聴いたり、冗談で笑い合ってくださったおかげで、安心してAちゃんのお母さんにお話しすることができました。こういうチームワークは本当にありがたいです。いつか私もベテランになったときには、恩返ししたいと思います。

　お母さんのシフトの工夫で、最初の1カ月だけ早出をなくしてくださり、Aちゃんの遅刻がおさまってきた頃に、少しずつ早出勤務を復活されました。でも、以前より回数を減らしてくださっています。また、Aちゃんの「振り返りジャーナル」には、お母さんと楽しく過ごした休日の様子が書かれています。

　それでも、朝からきつく叱られる日もあるようで、登校するなり超不機嫌な顔のときもあります。一時間目はムクれたままスタートしますが、「今日は機嫌が悪いなあ。でも大丈夫」と私に見通しがあるので、あわてず、引きずられず、振り回されずに、授業を進めています。ペアやグループでの活動も、最初のうちはまったく参加しないこともありますが、以前のように席に近寄って注意したり、前から名前を呼ぶのは、過刺激になるので今は控え、授業のなかに少し楽しい活動を取り入れ、自然とグループの子とかかわるチャンスをつくるように心がけています。2時間目頃には落ち着いた感じに戻れていて、本人もラクそうです。

　授業や学級活動のなかに「ドキドキ、ワクワクのチャレンジをつくることが担任の一番の仕事」。このことを忘れずに、これからも子どもたちと信頼ベースのクラスをつくっていこうと思います。ありがとうございました。

よかったねー！

生徒支援・生徒指導の基本的な考え方

　どんなに厳しい課題を抱えていても、子どもたちは学校教育で体験的に学び直すことができます。ホワイトボードケース会議を進めるうえで、基本となる生徒支援・生徒指導の考え方について説明します。
　ホワイトボードケース会議を学ぶ「価値のインストラクション」です。

　私たちは人生の岐路に立ったとき、自己選択、自己決定しながら自分らしく生きていきます。どんな高校に行くのか、大学はどうするのか。結婚するのか、しないのか。自分の老後や親の介護はどうするのか。そして、どんなふうに死んでいくのか。人生のエンディングまで含めて無数の自己選択、自己決定を繰り返しながら自分らしく生きていきます。
　自分のことが自分じゃないところで、勝手に決められたり、選ばれたりすると、私たちは自分らしく生きることを侵害された＝基本的な人権が侵害されたと感じます。つまり、自己選択、自己決定をしながら、自分らしく生きることは、自分の人権が尊重されている最もシンプルなスタイルです。

　自己選択、自己決定するためには「心の体力」が必要です。体の体力は強い、弱いですが、心の体力は温度のようなものです。

　私たちは心の体力が温かいとチャレンジングに自分の人生を生きていくことができます。やりたいと思うことがむずかしくても、心の体力が温かいと挑戦しやすい。自分ひとりで無理なときも素直に、怒らずに「助けてほしい」と言えます。失敗しても、その経験を糧にして前に進んでいけます。自分が本来もつ力を発揮して、エンパワメントに生きていけます。

　逆に心の体力が冷えていると、自分らしく生きるなんてこと「どうでもいい」となってしまいます。例えば、子どもにパワーがないときは無気力になります。机にベチャーッと伏せて起きてこれない。長じると欠席が多くなり、登校しぶりや不登校になります。逆に子どもにパワーがあるとけんかや万引き、いじめなどの問題行動を繰り返します。両極端な「症状」に見えますが、原因は一つです。心の体力が冷えているのです。

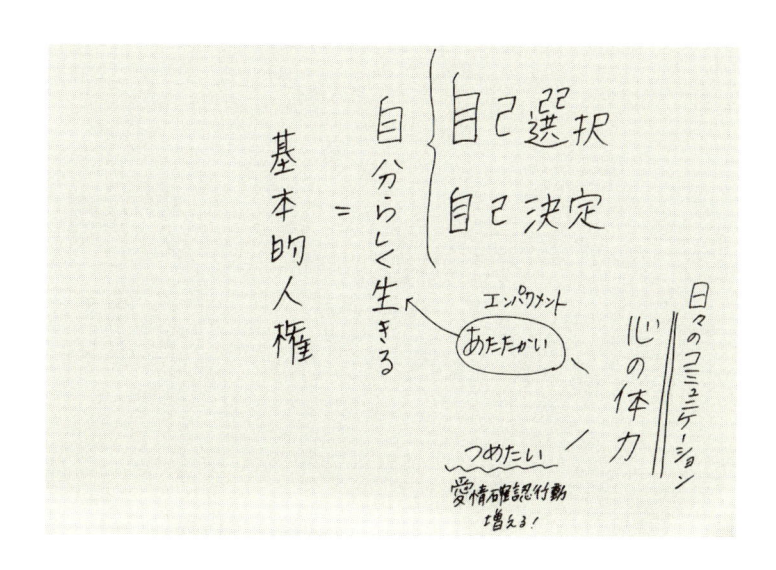

心の体力は日常のコミュニケーションで温かくなったり、冷たくなったりします。体力と同じで、今日一日栄養価の高いものを食べたから健康になるのではない。特別なイベントではなく、毎日のコミュニケーションの積み重ね（＝声のかけ方、かかわり方）が心の体力を温めたり、冷やしたりします。

　「冷えた心は、まず温める」で間違いありません。しかし、私たちは、心の体力が冷えると「温めにくい行動」（＝愛情確認行動）をしてしまいます。

　家庭状況や友人との関係が厳しかったり、学級崩壊などを経験すると心の体力は冷え、意欲的になることがむずかしくなります。本当は「あなたのことを愛している」「大切に思っている」「あなたの存在が必要」という言葉や態度が欲しい。でも、素直に、アサーティブに問うことがむずかしく、無視や反抗をすることで、意識的に、あるいは無意識のうちに、相手から愛情を示す言葉や態度を引き出そうとします。

　一番、残念な相手からの反応は「無視」です。心の体力が冷えているときに無視をされると、過剰に「自分の存在が否定された」と認知します。悔しいし、悲しいし、寂しい。ショックで、傷ついたり、怒ったりします。だから、無視されるくらいなら、「怒られる」「心配させる」ほうが、反応があり安心を感じます。またインスタントな反応を求めて、さらに問題行動を積み重ねます。

　このような、相手の反応を得て安心しようとする愛情確認行動は、大なり小なり、誰もが経験するプロセスです。ここを日常的に「適度に温める技術」が、支援者や指導者、ファシリテーターの役割です。そのためのアセスメント技術は「必修科目」です。

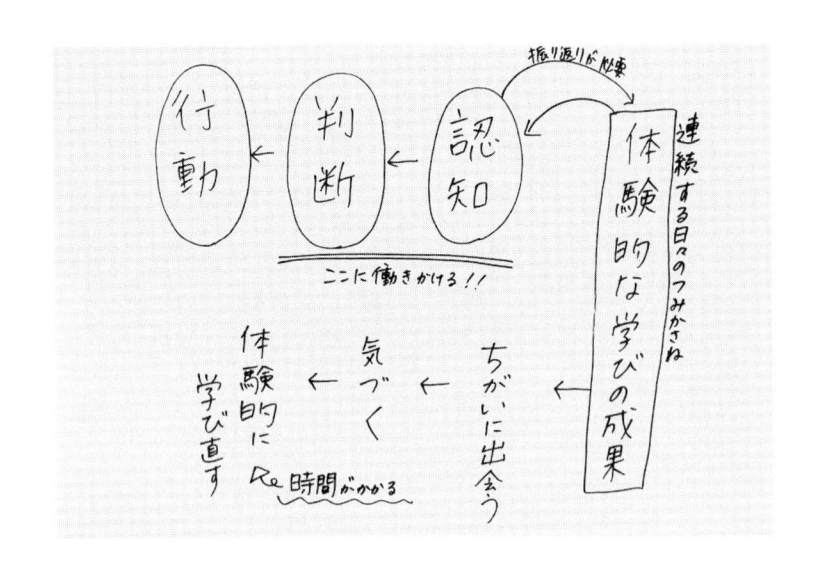

特に学ぼうと思ったわけでもないのに。連続する日々の暮らしのなかで繰り返すことによって取り込み、定着したことを「体験的な学び」といいます。体験的に学んだことは、なかなか変えることができません。逆にいえば、体験的に学んでしまいさえすれば、どんなにピンチのときも助けてくれる「豊かな学び」として自分のなかに構築されます。連続する日々の暮らしですから、大きな影響をもつのは家庭です。そして児童養護施設や学校なども、たくさんの学びにあふれています。

　厄介なことに、体験的に学んだことは自分では「当たり前」すぎて、何を学んでいるかわかりません。自分とは違うものに出合ったときに、初めて気づきます。でもすぐに変えることはできません。時間をかけて体験的に学び直すことが必要です。時間がかかることが前提です。

　例えば「暴力はダメ！」と怒られても、家に自分よりも暴力をふるう親がいたら、子どもは体験的に学んでいます。「オレは親よりはマシ」と、自分の暴力の犯罪性への認知が欠けたりゆがんでいると、その重大性を共有できません。また暴力以外のコミュニケーションの方法を学ぶチャンスも奪われています。
　学校でよく見る光景です。いつも怒られている子どものなかには、驚くほど返事や謝罪が上手な子がいます。「はい、はい、はい、はい、はい。ごめんなさい。もうしません」と心の底から、頭を下げて謝っていますが、翌日には同じ失敗を繰り返します。「謝れば、その場を逃れられる」ことを体験的に学んでいる子どもの姿です。

　私たちは「認知→判断→行動」のプロセスで動きます。例えば、会議で発言したときに、繰り返し叱責されると、「この会議で発言すると否定的な反応がある」と体験的に学びます。「だから発言しないでおこう」と判断し、「発言しない」行動を選択します。進行

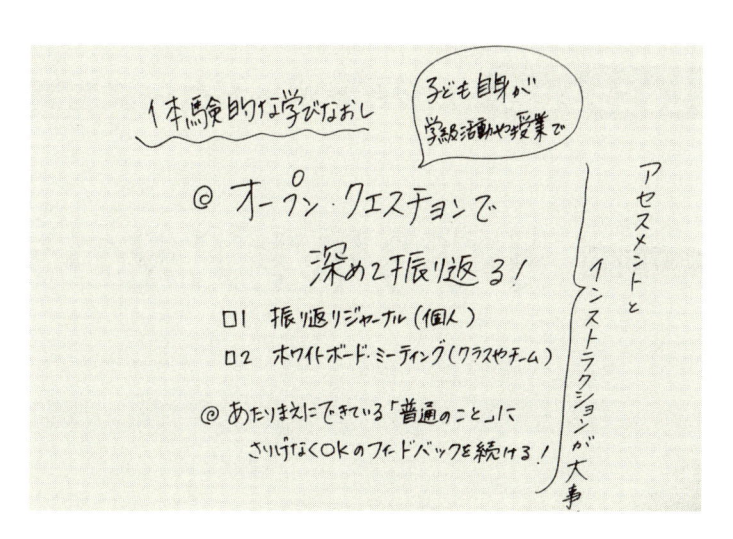

> 体験的な学びなおし
> 子ども自身が学級活動や授業で
> @オープン・クエスチョンで深めて振り返る！
> □1 振り返りジャーナル（個人）
> □2 ホワイトボード・ミーティング（クラスやチーム）
> @あたりまえにできている「普通のこと」にさりげなくOKのフィードバックを続ける！
> アセスメントとインストラクションが大事

役が熱心に「発言しましょう！」と呼びかけても気まずくなります。こんなときは「この会議はどんな発言も受け止めてもらえる」「会議で発言してよかった」と思える体験を何度も積み、認知を変えることで、行動の選択を変えていきます。

　認知は日々の「体験的な学び」の集積ですから、丁寧に振り返りながら、学び直していくこと、積み重ねていくことが肝心です。毎日の教室で、個人の振り返りを促進するには「振り返りジャーナル」が有効で、グループで振り返りを進めるには「ホワイトボード・ミーティング」が有効です。どちらも「オープン・クエスチョン」を活用しながら、思考を深め、なぜそうなるのかを寄り添いながら、体験的に学びます。

　子どもが暴力を体験的に学んでいたら、暴力以外の方法で気持ちを伝えたり、表現することを体験的に学び直します。暴力に比べると刺激は少なく、最初は物足りないかもしれません。でも、温かい、やわらかいコミュニケーションで人はつながり、わかり合えます。体験を積むうちに子ども自身もラクになります。

　家庭をのぞけば、子どもが毎日を過ごす場所は学校しかありません。学校は、誰もが公平に体験的な学び直しができる唯一の場です。どんな事情があっても、学校では、幸せに過ごすことができる。人生や可能性を切り開く技術を学ぶことができる「尊い学びの場」です。授業や学級活動を通じて、子どもの成長を見通し、エンパワーされる。ドキドキ、ワクワクのチャレンジングな幸せな子ども時代を育んでいきましょう。

　そのためにも、先生には確かな技術が必要です。技術がないと、子どもの愛情確認行動に振り回され、先生自身も傷つき、ボロボロになります。子どもの毎日の体験的な学びをサポートする確かな技術を学びましょう。その一つが、ホワイトボードケース会議であり、信頼ベースのクラスをつくる学級ファシリテーションです。

Lesson6 ホワイトボードケース会議の進め方

練習問題 小学3年生男児のケース

　ホワイトボードケース会議の練習をしましょう。本書では、全部で3例のケースを紹介しています。1度目よりは2度目、2度目よりは3度目と上手になります。本書の3例＋身近な実際のケース2例。まずは、5例を練習することが目標です。

● **進め方**

　2人以上で取り組みます。最初はＡ3用紙、次はホワイトボードでやってみます。
　最初は発散に絞って練習するのもOKです。そのつど目標を決めてチャレンジしましょう。

- □1　1人が、練習問題を読み上げます
- □2　ほかの人は、80〜81ページのように、登場人物ごとに情報をふりわけて書きます
- □3　情報は切り分けて1つの文章に1つの意味にし、番号をつけます
- □4　82〜83ページを見て、確認します。点線内が練習問題で読み上げた部分です
- □5　改めて82〜83ページの情報をA→母→父の順番に全部、読み上げます（発散終了）
- □6　アセスメント（収束）第1段階、第2段階（❶〜❻）に進み、赤色で書きます
- □7　❼最高と最低の状態を予測して、左下に書いたあと、ストーリーを見立てます
- □8　支援・指導計画（❽〜❿）について考え、青色で書きます
- □9　見立ての例（84ページ）、支援・指導計画の例（86ページ）を確認します
- □10　観察とその後（88ページ）を確認します
- □11　以上の練習を繰り返します

> **練習問題**
>
> 　――では、始めます。小3男児です。どんな感じですか。
> 　とにかく授業中に落ち着かないんです。ワサワサしていて。隣の席の子にチョッカイを出しては、文句を言われています。
> 　――ナルホド。どんな感じですか。
> 　全校集会のときも走り回るので、常に先生がついています。たまに大きな声で奇声を発するんですよね。歯を磨く習慣もまったくないらしく、3年生にもなって歯磨き

もできていません。とにかく、Ａくんがいるとクラスの和が乱れてしまいます。
　──そうですか。どんなことでもよいので、エピソードを教えてください。
　とにかく机の中がグチャグチャで、プリントが押し込まれています。チャイムが鳴っても教科書も出てないし「出しなさい」と言ってもナカナカ出しません。それで授業の開始が毎回、遅れてしまいます。
　──ナルホド。それは大変ですねえ。ご家庭の様子はどうですか。
　ネグレクトのような感じです。お母さんが、精神的にしんどくなっていて、確か「うつ病」と診断されたと聞いています。子どもさんの面倒を見るのが、しんどいみたいで。Ａくんが宿題を忘れたときには、必ず電話するようにしていますが、出ないんです。携帯電話に着信やメッセージを残しますが、まったく返事もありません。
　──そうですかあ。どんな感じか、もう少し詳しく聞いてもいいですか。どんな小さな情報でもいいので、教えてください。
　家には、固定電話がないらしいです。４月は電話で話していましたが、ゴールデンウィーク明けにまったく宿題をしてこず、30分ほど電話で話をしました。そのときは「わかりました。家で宿題をやらせます」と言っておられたんですが、その後、ちょっとの間は、宿題もしてきていましたが、そのうちまたしなくなりました。お母さんとは６月に入ってから電話が通じなくなっています。拒否されている感じがします。
　──ナルホド。ほかに何かありますか。
　私もＡくんがなんとかクラスになじむようにと思っています。体を動かすのが好きなので、体育の時間も工夫しようと思うんですが、ドッジボールをするとトラブルになるんです。ルールを守らない。味方の子にボールをあてて喜んでる始末です。しかも「オレにボールをあててくれ！」という感じで、まったくドッジボールが成立していません。
　──そうですかあ。それは大変ですねえ。いつもそんな感じですか。
　はい。いつもです。だからドッジボールも楽しくならない。途中で注意しても、そのときだけ「ごめんなさい」と言いますが、同じことの繰り返しです。鬼ごっこは、大好きでちゃんとルールを守るんですが、ドッジボールもボールの鬼ごっこ思ってる感じです。
　──怒られているときのＡくんはどんな感じですか。エピソードを教えてください。
　とにかく私と目を合わせないんです。授業中もそうですが、注意をすると、必ず「オレだけと違う」と反抗します。口を真一文字に結んで、自分の悪いところを認められない。そうかと思うと、放課後に残して注意したときは、ベチャーッと甘えてくる感じです。しな〜っとなって膝に乗ってくるんですよ。

練習問題②
78ページの練習問題を1人が読み上げ、点線の中に情報を書きましょう。

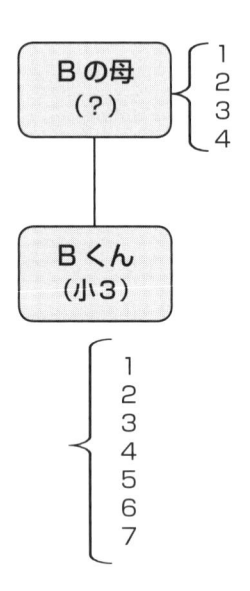

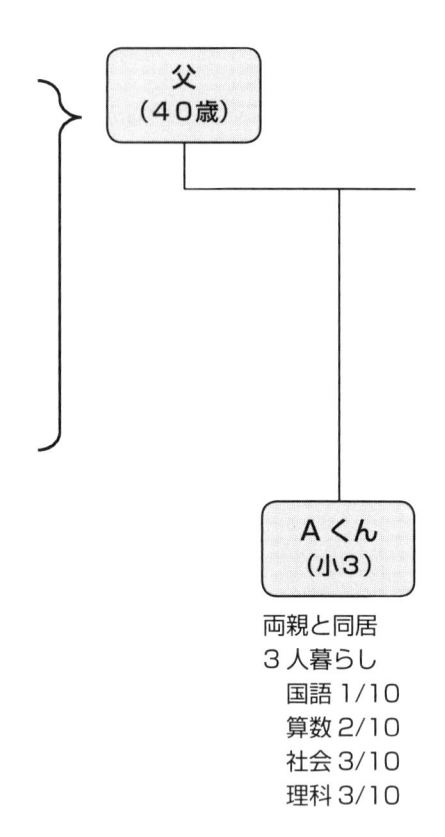

1
2
3
4
5
6
7
8
9
10
11
12
13

父
(40歳)

Aくん
(小3)

両親と同居
3人暮らし
　国語 1/10
　算数 2/10
　社会 3/10
　理科 3/10

Bの母
(？)

1
2
3
4

Bくん
(小3)

1
2
3
4
5
6
7

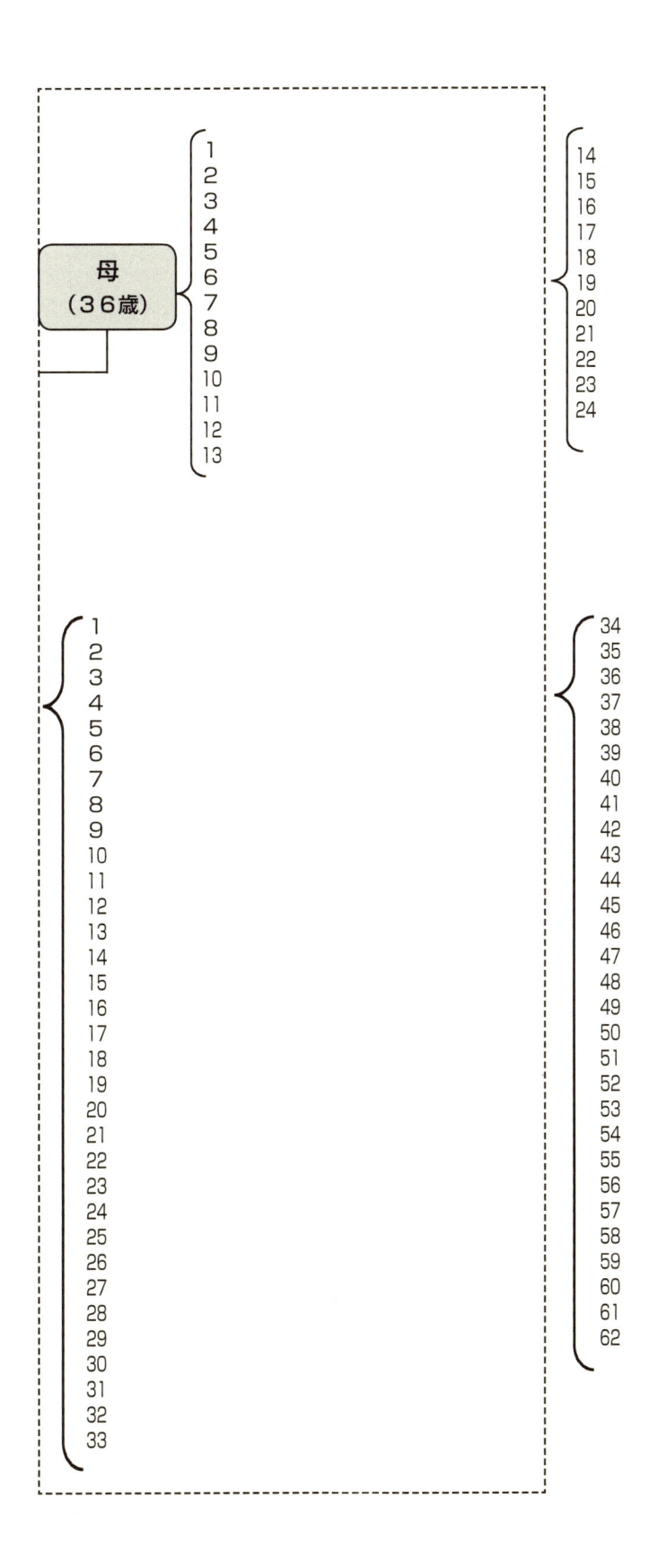

母
（３６歳）

{ 1
2
3
4
5
6
7
8
9
10
11
12
13

{ 14
15
16
17
18
19
20
21
22
23
24

{ 1
2
3
4
5
6
7
8
9
10
11
12
13
14
15
16
17
18
19
20
21
22
23
24
25
26
27
28
29
30
31
32
33

{ 34
35
36
37
38
39
40
41
42
43
44
45
46
47
48
49
50
51
52
53
54
55
56
57
58
59
60
61
62

練習問題②
発散（黒）の書き方の例

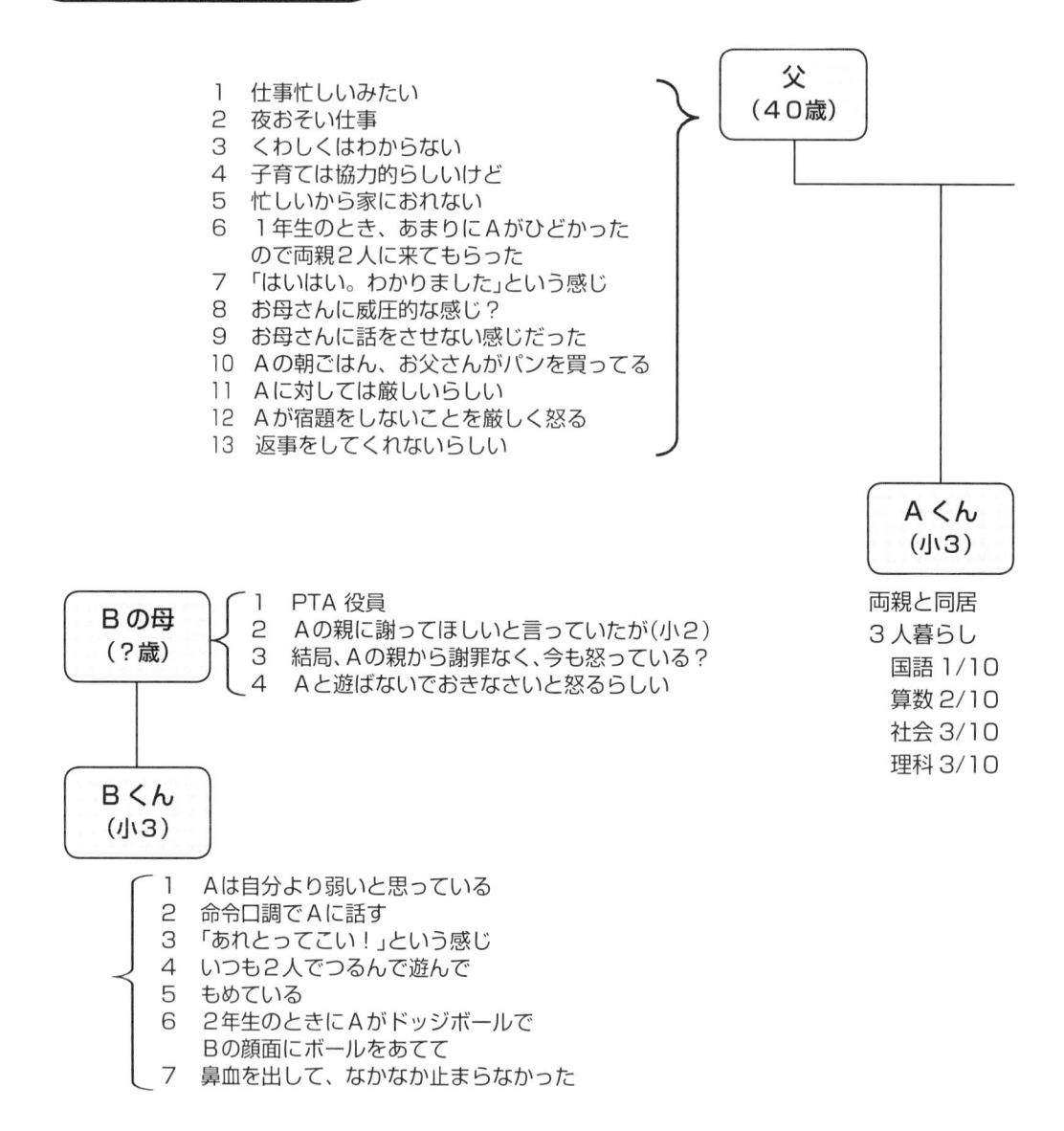

父
（４０歳）

1　仕事忙しいみたい
2　夜おそい仕事
3　くわしくはわからない
4　子育ては協力的らしいけど
5　忙しいから家におれない
6　１年生のとき、あまりにＡがひどかった
　　ので両親２人に来てもらった
7　「はいはい。わかりました」という感じ
8　お母さんに威圧的な感じ？
9　お母さんに話をさせない感じだった
10　Ａの朝ごはん、お父さんがパンを買ってる
11　Ａに対しては厳しいらしい
12　Ａが宿題をしないことを厳しく怒る
13　返事をしてくれないらしい

Ａくん
（小３）

両親と同居
３人暮らし
　国語 1/10
　算数 2/10
　社会 3/10
　理科 3/10

Ｂの母
（？歳）

1　PTA 役員
2　Ａの親に謝ってほしいと言っていたが(小2)
3　結局、Ａの親から謝罪なく、今も怒っている？
4　Ａと遊ばないでおきなさいと怒るらしい

Ｂくん
（小３）

1　Ａは自分より弱いと思っている
2　命令口調でＡに話す
3　「あれとってこい！」という感じ
4　いつも２人でつるんで遊んで
5　もめている
6　２年生のときにＡがドッジボールで
　　Ｂの顔面にボールをあてて
7　鼻血を出して、なかなか止まらなかった

　点線で囲んだ部分が 78～79 ページの情報です。参考にしてください。Ａ３用紙に慣れてきたら、ホワイトボードに書いてみましょう。

　78 ページの□5以降に進みましょう。収束（赤）→活用（青）については、カラーページの写真を参考にしてください。

```
┌─────────┐
│  母      │ ─┤ 1  ネグレクトのよう
│ (36歳)  │   │ 2  精神的にしんどい？
└─────────┘   │ 3  うつ病と診断？
              │ 4  子どもの面倒みるのがしんどいよう
              │ 5  Aくんの宿題忘れで電話しても出ない
              │ 6  着信やメッセージに返事がない
              │ 7  家には固定電話がないらしい
              │ 8  電話は4月はOKだった
              │ 9  ゴールデンウィークあけに30分電話
              │10  「宿題を家でやらせる」母は言った
              │11  その後、しばらく宿題をさせていて
              │12  6月れんらくがとれなくなった
              └13  拒否されてる感じがする
```

14 プールOKのサインがない
15 サインがないと入ることできない
16 水着も洗ってない。しめったまま
17 カピカピになってるときもある
18 サインのことで電話するけど、出ない
19 調子がいいときもある（A談）
20 水着がちゃんとせんたくしてあるとき
21 月曜日のプールのときがダメ
22 Aの話では仕事に行ってみたい
23 もともと専業主婦？
24 パートに行ったけど、すぐやめたらしい（A談）

1 とにかく授業中、落ち着かない
2 ワサワサ
3 となりの席の子にチョッカイ出して文句言われ
4 全校集会で走りまわる
5 常に先生がついている
6 たまに大きな声で奇声を発する
7 歯を磨く習慣がなく、できない
8 とにかくAくんがいるとクラスの和が乱れる
9 机の中、グチャグチャ。プリントも押し込む
10 チャイムなっても教科書出さない
11 「出しなさい」と言っても、なかなか出さない
12 そのため、授業の開始が毎回、おくれる
13 からだを動かすのはスキ
14 ドッジボールでトラブル
15 ルールを守らない
16 味方の子にあてて喜ぶ
17 「オレにボールをあててくれ！」
18 全く、ドッジボールとして成立しない
19 だから、楽しくならない
20 注意したときだけ、ごめんなさい
21 同じことのくり返し
22 鬼ごっこスキ
23 鬼ごっこはルール守れる
24 ドッジも鬼ごっこと思ってる？
25 怒られているときは目が合わせない
26 授業中も同じ
27 「オレだけちがう！」と必ず言う
28 口をまいちもん字に結んで反抗的
29 自分の悪いところを認めない
30 放課後に残して注意するときは甘えてくる
31 しなーっとなってヒザにのってくる
32 でも、みんなでいるときは、こっちにこない
33 ひとりの時は、体をさわってくる

34 ほんとはいい子なのかなあ
35 プールのカードに自分でサインを書く
36 明らかに本人の字
37 「あなたが書いたでしょ」「おかあさん」
38 プールは楽しそう
39 たまにAがサインを書いてきたときは見学
40 7月10日頃から、特に友だちとトラブルが多い
41 休み時間のたびにケンカしている
42 消しゴム、とった、とられた
43 つまらない原因ばかり
44 つかみ合いのケンカになり
45 どちらも泣いてお互いにあやまって解決
46 でも、ケンカは続いている
47 Bと仲いいのか。悪いのか
48 いつもひっついてケンカばかり
49 おり紙が上手
50 ポケモン、ミッキーマウス、アンパンマン上手につくる
51 授業中もつくってる
52 なおさせると怒る
53 だまってくれているから、そのままに
54 最近、夜ごはんを食べてないという
55 給食をいようなほど食べる
56 すぐにおかわりをする
57 Aはお父さんに怒られるのを嫌がる
58 家に電話をするというと「お父さんには言わないで」という
59 担任と2人のときはお母さんが心配と話す
60 お母さん「悪くない」と何度も言う
61 こちらから言う前に言う。いつも気にしている感じ
62 母がAに仕事や父のことを相談している？

Lesson6　練習問題　小学3年生男児のケース

アセスメント　小学3年生男児の事例
……Aくんの問題行動をめぐるストーリーの見立ての例

◎Aくん
①夕食を食べない日が続くと、栄養不良となり健康面が心配です。
②母親が不安定なため、愛着が十分に形成されていない可能性があります。
③担任と2人きりになると、スキンシップを求めていることから、特定の近い関係にある大人との愛情、安心、愛着形成を求めています。
④母親の状態がいつから不安定なのかは不明です。歯磨きの習慣がなく、プールの準備などができてない、夕食を食べてない話からは、継続的に養育環境が不十分な状態がうかがえます。入学時や幼稚園など、過去の情報を集めて、より詳しいアセスメントが必要です。
⑤歯磨きなど、基本的な生活習慣を家庭では体験的に学んでいません。
⑥鬼ごっこなどルールがシンプルな集団遊びは成立しますが、ドッジボールはルールがわからず、どのように楽しむのかを体験的に学んでいません。そのため、ドッジボールのたびにトラブルになり、注意指導を受けています。しかし、Aくんは自分のルールに則って動いているので、なぜ怒られるのか、トラブルになるのかがわかりにくい様子です。
⑦勉強がわからず、授業中、何をしてよいのかわからない状態です。
⑧教科書を出すのをしぶるのは、もう少し、丁寧に情報を集めてアセスメントする必要がありますが、「教科書を出さない→担任が声をかける」のサイクルができているので、かまってほしいサインの可能性があります。
⑨全校集会で走りまわるのは、静かなところでどのようにしてよいのかわからない、あるいは、大きな声を出せば、先生がついてくれることを学んでいるのかもしれません。「たまに大きな奇声を発する」は、突然に見えてもAくんなりの法則やストーリーがあります。丁寧に情報を集めると、そこに至るプロセスや理由が見えてきます。
⑩プールが大好きで「なんとしても入りたい」強い気持ちに満ちあふれています。逆に入れないと不満が強まり、反抗やパワーレスな状態になります。
⑪折り紙が大好きです。手先が器用で集中して上手に折れる強みがあります。
⑫Aくんが母親の相談相手（小さなカウンセラー）になる「親子逆転」現象が始まっている可能性があります。長じると、学校にいてもお母さんのことが心配になり、帰宅願望や登校しぶりにつながり、安定した学校生活がむずかしくなります。
⑬問題行動からたくさんのサインを発していますが、基本的には学校、友達、先生が好きです。サインに気づいてもらえないと、問題行動が激化する傾向にあります。

◎母親
①情報からは病気であるかどうかは不明ですが、精神的に不安定で養育に困難を抱えてい

ます。Ａくんの基本的な生活習慣（食事、歯磨き、洗濯など）が不充分です。
②１年生のときは、夫と２人で学校に来て話をする意欲がありました。
③４月当初は担任と電話で話し、宿題を見る意欲がありましたが、５月に電話をした頃から連絡がつきにくくなり、６月にはまったく連絡がつかなくなりました。
④学校からの連絡になんらかのプレッシャーを感じ、対応していない可能性があります。
⑤プールや夕食などの話から、７月頃から特に意欲に欠けている様子です。
⑥就労への意欲が見えますが、失敗体験になっている可能性が高いです（Ａ談による）。
⑦夫は仕事が忙しく、子育ての相談ができないのか、Ａが相談相手になっています。

担任の母親へのかかわり（オープン・クエスチョンで深めてわかったプロセス）

①４月当初から宿題忘れが多く、前年度担任からは、「厳しく」と引き継ぎがありました。
②宿題を忘れた日は、電話連絡をいれるようにしています。ほぼ毎日でした。
③例えば、家族が宿題を見て、ひとこと感想を書くなどの工夫もしました。
④ゴールデンウィーク後に電話をすると「もう、どうしていいかわかりません」と強く言われました。その後、連絡がつきにくくなり、６月に途絶えました。

◎Ａくんの父親
①仕事は忙しいようですが、朝ご飯を用意するなどＡくんの養育にかかわっています。
②１年生のときは、妻と２人で学校に来て話をしています。
③妻には話をさせず、あまり信用していない様子でした。
④自分が責任をもって話をする姿勢をもっていました。
⑤Ａくんに、厳しく指導をしています。それがＡくんのプレッシャーになっています。

◎Ｂくん
①Ａくんに命令口調ですが、基本的に一緒に遊びたいと思っています。
②対等に遊ぶ方法がわかりません。特にドッジボールはＡくんが対等になれません。
③Ａくんの近くにいるので、Ａくんとトラブルを起こしやすくケガの心配もあります。

◎Ｂくんの母
①学校に協力的です。
②Ａくんの親から謝罪がなかったことを「よく思っていない」可能性があります。
③そのことから、Ｂくんにａくんと遊ばないように言っている可能性があります。

小学3年生男児の事例
……Aくんの支援・指導計画の一例

◎生命、身体の危険についての情報を集めます
①養育困難な状況がいつから始まり、食事の様子はどの程度、深刻なのかをさらに情報収集をします。幼稚園、小学２年生までの担任など、よく知る人から情報を集めます。
②友達とのケガのトラブルをなくすため、集団で楽しく遊ぶ方法を練習して身につけます。

◎父親と信頼関係を構築します
①現在の支援のキーパーソンは父親です。父親と信頼関係を構築し、母親へのプレッシャーを緩和するために、宿題などAくんの「できてないこと」については、しばらくは伝えません。生命、身体の危険回避はすべての事項に優先します。
②母親が嫉妬心をもたないように、父親と信頼関係を築くのは、男性教諭が担当します。まずは、都合のよい連絡方法を決めます。担任以外が担当します。
③夕食を食べていないことが確認できたら、作戦が必要です。夫婦のコミュニケーションが悪ければ、父親は知らない可能性もあります。父親が朝ご飯のついでに簡単でいいから夕食も準備すると、Aくんの空腹は回避できます。
④改善の見込みが立ちにくいときは、子育て支援ヘルパーなどの社会資源につなぐ選択肢を用意します。または、そこを見通し、父親と信頼関係を構築しておきます。
⑤担任は、一筆箋で父母や親子がAくんの学校でのポジティブな様子について、話ができる環境を整えます。
⑥Aくんが母親の相談相手になるプロセスには、父親が母親の相談相手になっていない状況があります。母親のAくんへの依存が進むと、安定した学校生活や登校することがむずかしくなるので、一筆箋で父親と母親のポジティブな会話を促進します。
⑦プールについては、様子を見て「とても楽しみにしているので、朝、プールカードにサインをお願いします」と伝えます。あらかじめプールのある日もプリントで伝え、Aくんには「とても大事なプリントだから必ず見せてね」「どうしたら見てもらえると思う？」とインストラクションして、確実に家庭に届ける工夫をします。
⑧Aくんが、担任に甘えている様子をそれとなく伝え、父親や母親に甘えたいと思っている気持ちを翻訳して伝えます。「ひざに乗せてあげてくださいね」など、スキンシップを促進する具体的な提案をし、厳しい言葉がけを控え楽しい笑顔が増えるよう伝えます。

◎Aくんに対して
①学校に来ることが大事です。学校にいる間は母親への心配を忘れるくらい楽しく過ごす

ことを優先します。母親への不安感情の支配から逃れるためには、学校で子どもらしく無邪気に遊び、学べる環境づくりを進めることが大事です。

②ドッジボールは秘密の特訓をします。ボールの受け方、投げ方、ルールについて、お昼休みなどを利用して、1週間でルールを体験的に学び直します。自分が当たることよりもチームで協力して遊ぶことにOKを出し続け、本来のおもしろさを学びます。

③顔面を狙うことは、ルール違反であることを丁寧にインストラクションし、顔面以外を狙ってボールを投げる特訓を繰り返し、その楽しさを体験的に学びます。

④全校集会は、毎回、騒ぐことでAくんにもまわりにも過刺激になるなら、本人と相談をして保健室で過ごすなどを選択肢に加えます。「罰」ではなく、「気持ちを落ち着けるため」と丁寧に理由をインストラクションします。保健室で気持ちが落ち着いたら体育館に移動するチャレンジを続けます。期間の見通しを伝え、普通にできたときにOKを伝えます。

⑤例えば、会社活動で「折り紙会社」を設立します。図書室などから、折り紙の本を借りてきて作る、大作の折り紙を教室に飾る、他学年や先生にプレゼントする、リクエストに応えるなど。好きなことで人の役に立ち、友達とつながる体験を積み重ねます。

◎保健室との連携

①精神的に不安定なときは、保健室に行くことを選択肢の一つにし、Aくんに提案します。保健の先生は、肯定的に話を聴きます。どんな話にも耳を傾け、Aくんの伝えたいことや家庭状況を聴くことを役割にします。

②特に状況が厳しいとき以外は、長く話し込むと教室に戻りにくくなります。歯を磨いたら教室に戻る。10分経過したら一度、教室に帰るなど。教室に戻るプロセスをあらかじめAくんと共有しておきます。

③プールに入れないことが大きな失敗体験になるので、父親と相談のうえ、サインがないときは、保健室で検温し平熱であればプール可も選択肢にします。支援・指導の効果が出るとAくんの家庭状況は落ち着き、サインの忘れもなくなりますが、今夏はむずかしいかもしれません。来夏を目標に今夏は保健室対応にします。

◎役割分担を明確にします

①担任の第一義的な役割は学級経営です。Aくんに振り回されていると、やがて心の体力の冷えた子どもたちが、ざわざわし始めます。「振り返りジャーナル」や絵本の読み聞かせに取り組み、教室に笑いやドキドキ、ワクワクのチャレンジをつくること。全体インストラクションでAくんも全体の流れに合流しやすい環境をつくります。

②父親との関係づくりは教頭先生、ドッジボールの特訓は隣のクラスの先生、そして保健室の先生が話を聴くなど。役割分担をしながら進めていきます。

小学3年生男児の事例
……Aくんの観察とその後

　Aくんに丁寧に話を聴いたところ、夕食準備のない日は母親がAくんに1000円を渡し、スーパーで買い物をしていました。すぐに生命、身体の危険はないと判断し、Aくんの学校でのリズムを整えること、父親との信頼構築を優先して取り組むことになりました。

　授業参観で「親子ドッジボール大会」の開催を決め、男性教諭が、Aくんを含む数名で休み時間に1週間の「秘密の特訓」をしました。ボールの受け渡しやスペシャルな投げ方、逃げ方など、おもしろおかしく特訓を続け、Aくんにも「その調子！」「OK！OK！」「失敗もアリアリ！」と笑顔でフィードバックを続けた結果、ルールに則った面白さを学び直すことができました。今も間違うときもありますが、だいたいOKです。
　体育の授業でも、最初の10分を特訓時間にし、クラス全員がドッジボールを上手になることにチャレンジを続けました。Aくんは少しずつ成果が出てきて、フィードバックすると、とてもうれしそうでした。お昼休みに友達と揉めることも減ってきました。
　3人で始めた「折り紙会社」は、大人もビックリするような大作が教室に飾られました。町の展覧会に出してみようかという話になっています。女子にもモテモテです。

　ご家庭には、一筆箋でAくんの最近の様子を伝えています。連絡帳に貼った一筆箋を、Aくんもとてもうれしそうに読んでいます。男性教諭が「ご家庭でもドッジボールの特訓をお願いしたい」と連絡をしたことをきっかけに、父親とのチャンネルができました。「まだ上手ではないけれども確実に成長しているので、お家でも焦らず楽しみながら、特訓してあげてください」とお願いをし、Aくんの「振り返りジャーナル」には、日曜日にお父さんとドッジをした様子が書かれています。以前よりも笑顔が増えてきています。

　全校朝会は相変わらず苦手ですが、Aくんと話し合い、「調子が悪くなりそうときは、保健室に行く」「保健の先生とお話をして、歯磨きをして、ハイタッチして教室に戻る」約束をしました。長引くこともありますが、帰ってきたときには落ち着いています。今までは、指導的な声がけをしていましたが、今は過刺激になるのでやめ、帰ってきたときには無言で指でOKを出して迎えています。今は、この状態をキープしつつ、ゆくゆくは教室や全校朝会もスムーズに過ごせるようになればと思います。

　プールの件や夕食を食べない日があることも、男性教諭がタイミングをみて父親に話しました。父親はまったく知らず、驚いていましたが「お母さんも大変なので怒らないでください」とお願いをし、こちらからいくつかの工夫点を提案し、了承してもらいました。焦らずにこの調子をキープしながら、ドキドキ、ワクワクのチャレンジを続けていきます。

自己評価シート

【質問の技術編】
- ☐1　オープン・クエスチョンで相手の話を聴くことを心がけています
- ☐2　オープン・クエスチョンで相手の話を聴くことで情報共有の深まりを感じます
- ☐3　オープン・クエスチョンで話を聴いてもらうことが気持ちよいと感じています
- ☐4　日常の何気ない会話でも、ついオープン・クエスチョンを使います
- ☐5　オープン・クエスチョンがまわりにも広がり、関係がやわらかくなっています
- ☐6　数字や固有名詞はクローズド・クエスチョンで明確にしています

【情報共有：発散】
- ☐1　ホワイトボード（A3用紙）に、どんな意見も否定せずに、聴いて書きます
- ☐2　情報を切り分けて、番号をつけながら書きます
- ☐3　話がアチコチに飛んでも、登場人物ごとに情報を振り分けて書きます
- ☐4　情報量を本書事例の半分くらい書きます
- ☐5　情報量を本書事例と同じくらい書きます
- ☐6　聴きながら書いてもらうことで、気持ちが少しラクになります
- ☐7　聴きながら書くことで、情景の共有が進み「そういうことかあ」とわかります
- ☐8　メインの情報提供者以外の人からの情報も、たくさん盛り込まれています

【アセスメント：収束】
- ☐1　登場人物の困ったことを考えることが上手です
- ☐2　担当者の困ったことを上手に聴きます
- ☐3　アセスメント支援スケールの❶～❺を上手に使うことができます
- ☐4　アセスメント支援スケールの❻～❿を上手に使うことができます
- ☐5　日常のかかわりにアセスメント支援スケールが身についているなあと感じます

【支援・指導計画：活用→観察】
- ☐1　具体的に何をするのかが、明確です
- ☐2　振り返りジャーナル、読み聞かせ、会社活動、一筆箋などに取り組んでいます
- ☐3　チームで役割分担しています。必要があれば集まって相談します
- ☐4　子どもや家庭の状況が安定してきます
- ☐5　日々の学校生活で、問題行動を起こした子どもが、自分の力や可能性を信じ、ドキドキ、ワクワクのチャレンジを続けています

Lesson7 ホワイトボードケース会議の進め方

練習問題 中学1年生男児のケース

　アセスメントを的確にするためには、十分な情報共有が大切です。ポイントはオープン・クエスチョンで第4階層まで情報を深めること（27ページ）。「そのときの様子」が、「動画モード」で頭のなかで再生できる感じが、情景＝情報の共有です。情景が浮かばないときは、無理に想像して埋めようとしません。「わからない」「つながらない」ことも大切な情報です。「その部分の情報を集めよう」と次の方針につながります。次の練習問題は、第4階層の情報共有を進めるために、さらに詳しく深めて聴く練習をします。

●進め方

　2人以上で取り組みます。最初はA3用紙、次はホワイトボードでもやってみます。
　最初は発散に絞って練習するのもOKです。そのつど目標を決めてチャレンジしましょう。

☐1　まずは、93ページの「Aくん」の情報1〜39を読み上げます
☐2　続けて、練習問題を読み上げます。ほかの人は、9、15、23の情報を追加します
☐3　94〜95ページを見て、書いた内容を確認します。点線の中が練習問題の部分です
☐4　改めて94〜95ページの情報をA→妹→母→父→スクールカウンセラー→児童相談所ケースワーカーの順番に全部、読み上げます（発散終了）
☐5　アセスメント（収束）第1段階、第2段階（❶〜❻）を考え、赤色で書きます
☐6　❼最高と最低の状態を予測し、左下に書いたあと、ストーリーを見立てます
☐7　支援・指導計画（❽〜❿）について考え、青色で書きます。
☐8　見立ての例（96ページ）、支援・指導計画の例（98ページ）を読み確認します
☐9　観察とその後（100ページ）を確認します
☐10　以上の練習を繰り返します

第4階層の情報を共有する練習
ポイントは「動画モード」でイメージできることです！

練習問題A
——「席の離れた野球部のBと大声で話す」って、どんな感じですか。
いつもBくんから話しかけるんですよね。
——どんな感じか、もう少し、詳しく教えてください。
「クラブ、早めに行こうぜ！」「うん、行こうぜ」という感じです。「こら、静かにしなさい」と怒ると、Bくんは笑ってゴメンと謝るんですよ。愛嬌もあるんです。でもAくんは私の顔をキッとにらむんですよね。

練習問題B
——「放課後、野球部の先輩と喫煙」していたときの状況を詳しく教えてください。
先輩と帰るときに喫煙がありました。Aくんはいつも先輩から「オマエ、タバコ持ってこい」と言われてるみたいです。でも中学生が買うことはできないので、父親のタバコをどうやらくすねてるみたいです。毎日、1本とか、チョビチョビくすねてるみたいです。
——そうなんですかあ。父親は知っていますか。
いっぺんにくすねたらバレるので、チョビチョビくすねてるみたいですよね。Aくんの家庭は、父は朝早く出かけるため、夜、寝るのが早いんですよね。お父さんはお酒を呑まれるから、酔って寝たときにくすねると言ってました。それでも足りないときは、吸い殻を集めることもあるらしいです。

練習問題C
——「いきなり担任に大声で叫び始めた」ときの様子。どんな感じでしたか。ちょっとエピソードを教えてもらっていいですか。
「タバコくすねることはいいことか？」「オマエの父親はオマエのことを応援しているやろう」などと言っても、Aくんはずっと無言なんですよ。これはもう怪しいなあと思って「オマエも吸ってるんちがうんか」と聞いてみたら、それには「吸ってない」の一点張り。でもAくんの制服は、いつもタバコ臭いんですよね。「オマエの制服はタバコ臭いやろ」と指摘すると、余計にムキになって「オレは吸ってない」と否定するんですよね。もう、お父さんの気持ちを考えると、こちらも腹が立ってきて「オマエはお父さんの気持ちがわかるんか」と強く詰め寄ると、突然、キレて泣きながら暴れだしたんです。

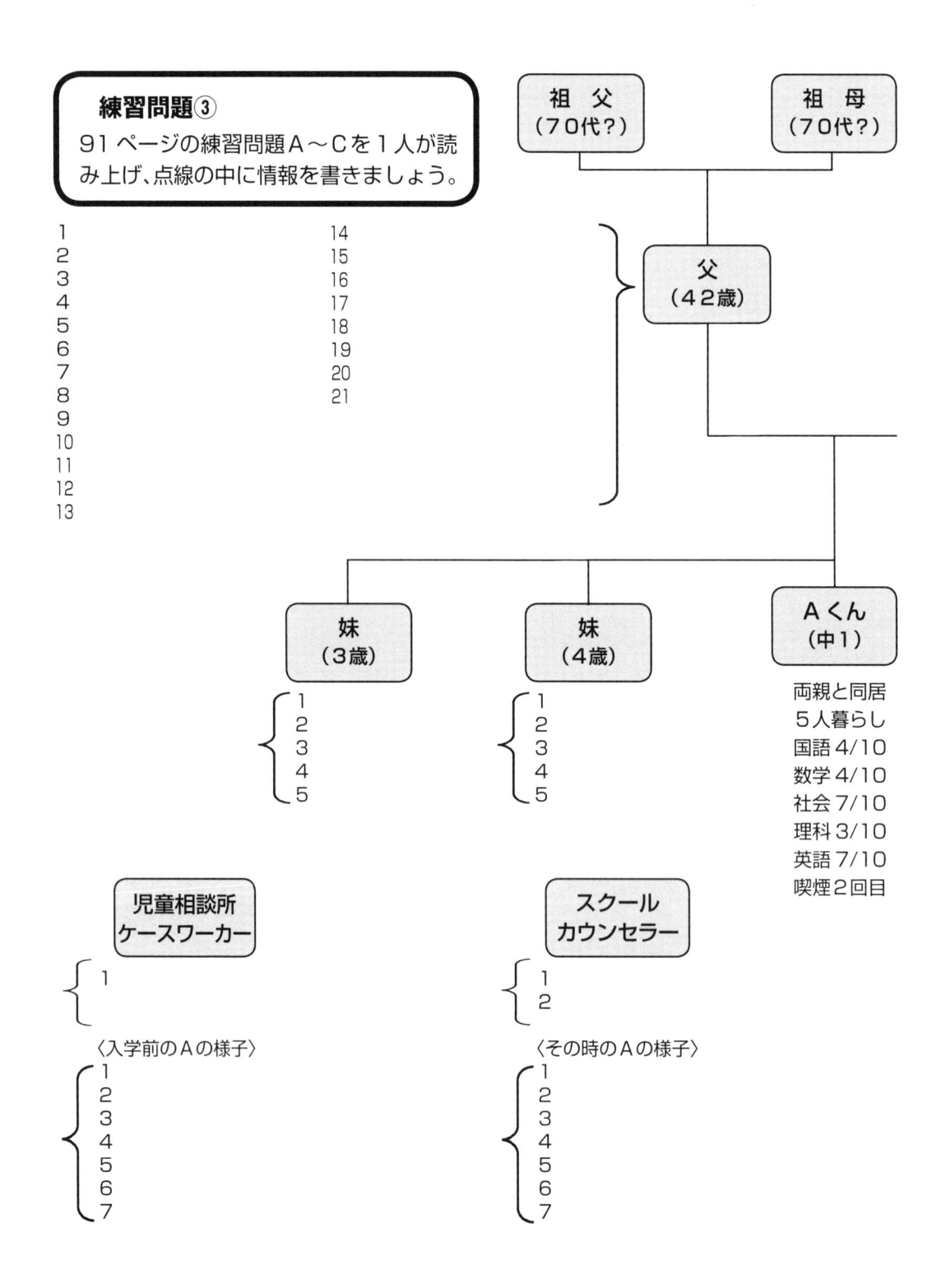

練習問題③
91ページの練習問題A〜Cを1人が読み上げ、点線の中に情報を書きましょう。

1
2
3
4
5
6
7
8
9
10
11
12
13
14
15
16
17
18
19
20
21

祖父（70代？）　祖母（70代？）

父（42歳）

妹（3歳）
{ 1
2
3
4
5

妹（4歳）
{ 1
2
3
4
5

Aくん（中1）

両親と同居
5人暮らし
国語 4/10
数学 4/10
社会 7/10
理科 3/10
英語 7/10
喫煙2回目

児童相談所ケースワーカー
{ 1

〈入学前のAの様子〉
{ 1
2
3
4
5
6
7

スクールカウンセラー
{ 1
2

〈その時のAの様子〉
{ 1
2
3
4
5
6
7

```
⎧ 1
⎪ 2
⎨ 3
⎪ 4
⎩ 5
```

母
（29歳）
```
⎧ 1         13
⎪ 2         14
⎪ 3         15
⎪ 4         16
⎪ 5         17
⎨ 6         18
⎪ 7         19
⎪ 8         20
⎪ 9         21
⎪ 10
⎪ 11
⎩ 12
```

```
⎧ 1  授業態度悪く、教室の空気乱す      ⎧ 35 野球は上手ではない
⎪ 2  とにかく担任に反抗的             ⎪ 36 ホントはバスケをやりたいと言っていた
⎪ 3  授業中、私語を注意するとにらむ    ⎨ 37 妹をとても可愛がっている
⎪ 4  キッと鋭い目で担任をにらむ        ⎪ 38 クラブは今もまじめにきている
⎪ 5  その後も注意すると机に突っ伏す    ⎩ 39 監督には、丁寧に話ができる
⎪ 6  とにかくヤル気ない
⎪ 7  起きてるときはBと話をする              練習問題A
⎪ 8  プリントの集中切れると話し始める        ⎧ 1
⎪ 9  席の離れた野球部のBと大声              ⎪ 2
⎪ 10 他の教科では、そんなことない           ⎨ 3
⎪ 11 学活、国語の時間は特に反抗的           ⎪ 4
⎪ 12 2回目の喫煙が昨日、見つかる           ⎪ 5
⎪ 13 1回目は1カ月前                      ⎩ 6
⎪ 14 学校の隣の公園                       練習問題B
⎪ 15 放課後、野球部の先輩と喫煙             ⎧ 1
⎪ 16 近隣住民からの通報で担任が行くと       ⎪ 2
⎨ 17 「オレは吸ってない」と言い訳をする      ⎪ 3
⎪ 18 制服はタバコ臭い                     ⎨ 4
⎪ 19 担任を「おばはん」と大声で呼ぶ         ⎪ 5
⎪ 20 指導場面でも言い訳を繰り返す           ⎪ 6
⎪ 21 担任が事実確認のため指導すると         ⎪ 7
⎪ 22 表情が一瞬で変わり                   ⎩ 8
⎪ 23 いきなり担任に大声で叫び始めた         練習問題C
⎪ 24 泣きながら大声で暴れだし              ⎧ 1
⎪ 25 他の先生に取り押さえられ              ⎪ 2
⎪ 26 しばらく押さえ込んで落ち着いた         ⎪ 3
⎪ 27 児童養護施設（3〜6歳）（7〜12歳）    ⎪ 4
⎪ 28 乳児院にもいた（0歳〜2歳）           ⎨ 5
⎪ 29 他市より引っ越し                    ⎪ 6
⎪ 30 本校は4月入学時から                 ⎪ 7
⎪ 31 1学期は特に問題なかった             ⎪ 8
⎪ 32 授業中も普通                       ⎩ 9
⎪ 33 夏休みのクラブも出席
⎩ 34 ランニング、球拾いも頑張った
```

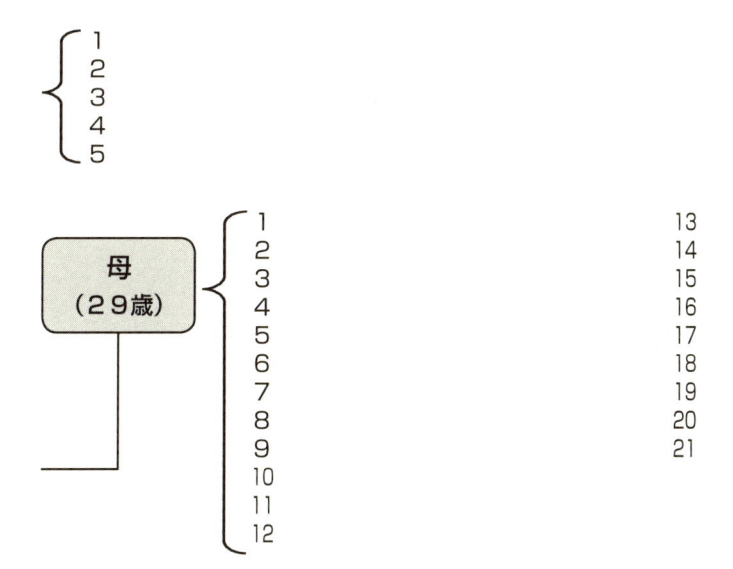

Lesson7　練習問題　中学1年生男児のケース

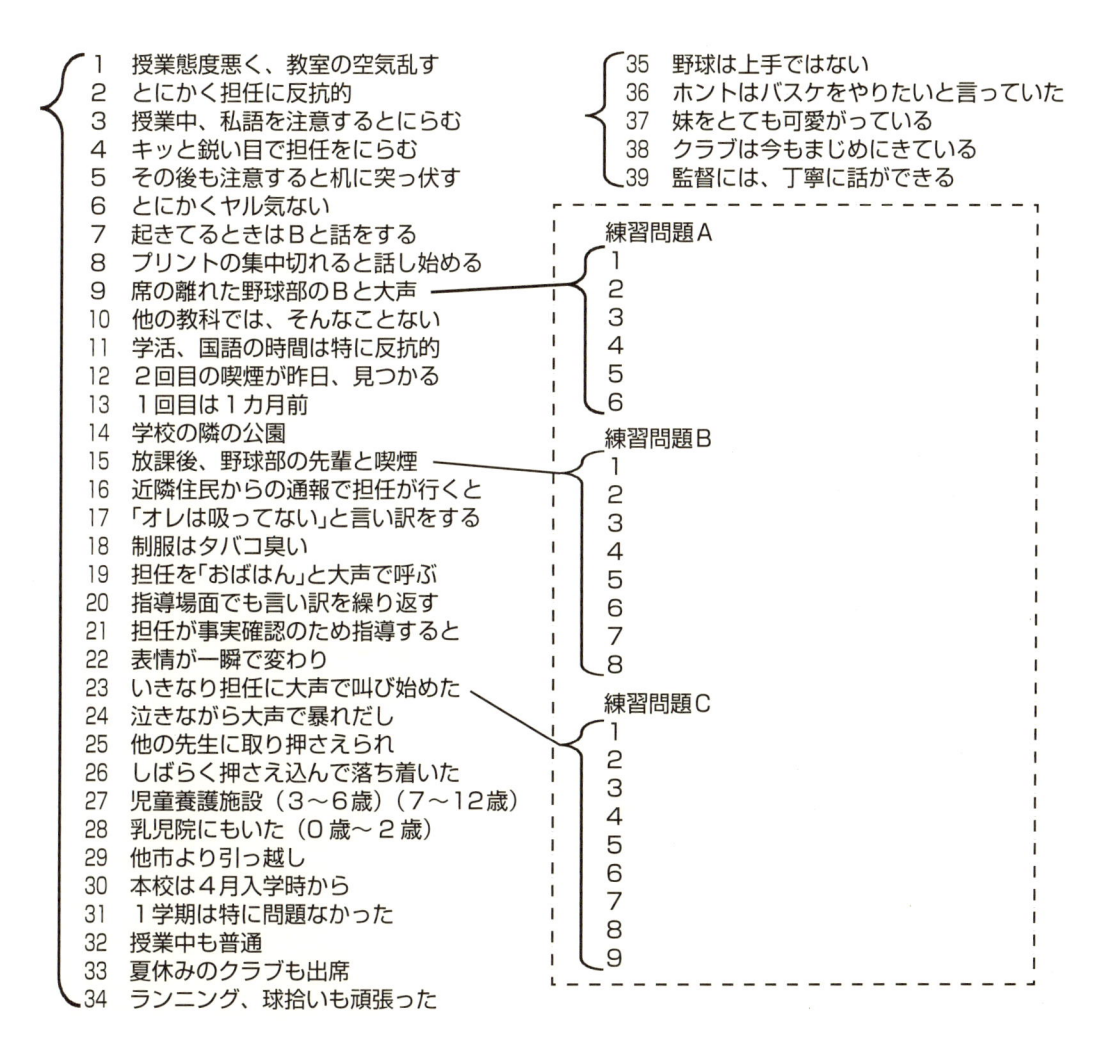

練習問題③
発散（黒）の書き方の例

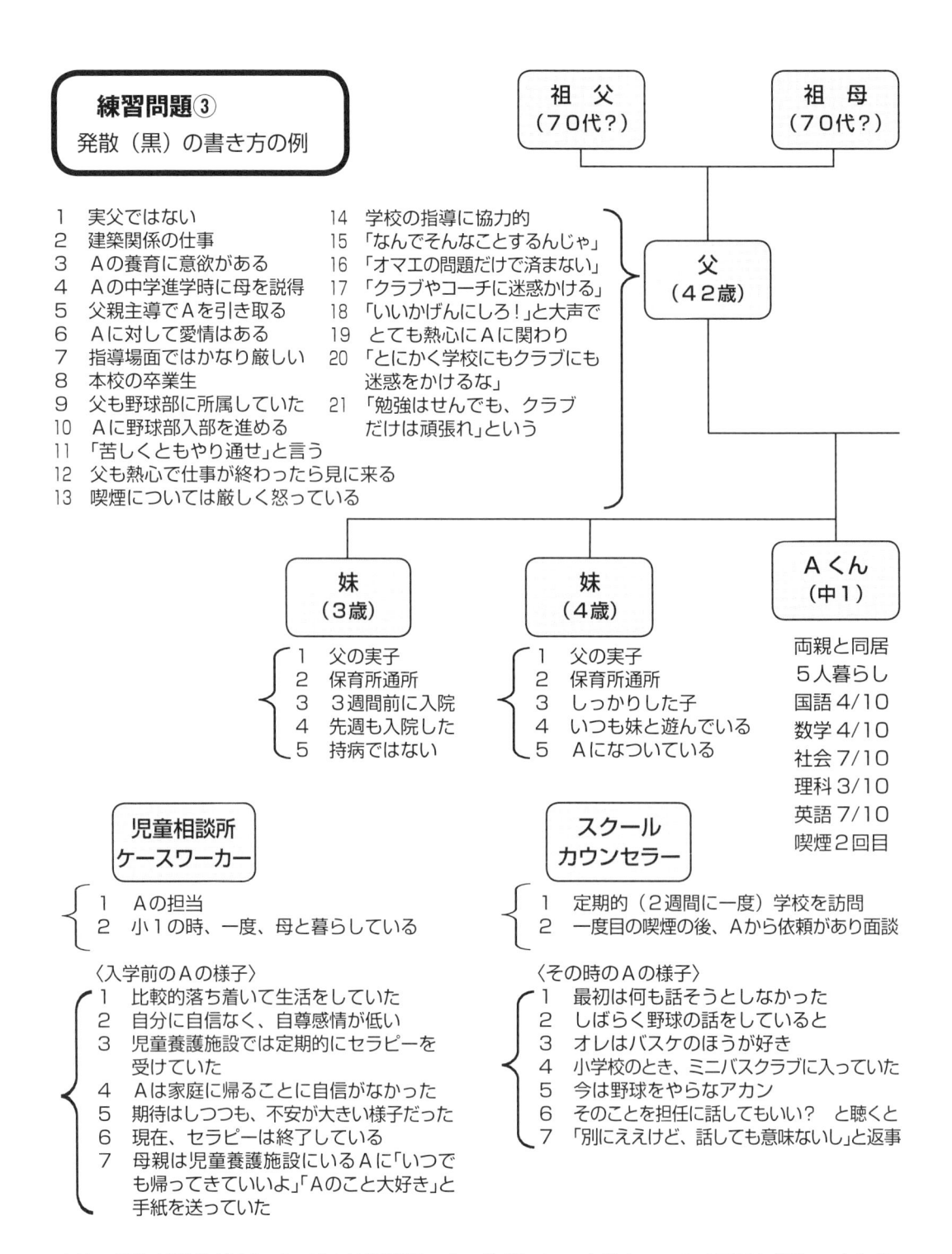

1. 実父ではない
2. 建築関係の仕事
3. Aの養育に意欲がある
4. Aの中学進学時に母を説得
5. 父親主導でAを引き取る
6. Aに対して愛情はある
7. 指導場面ではかなり厳しい
8. 本校の卒業生
9. 父も野球部に所属していた
10. Aに野球部入部を進める
11. 「苦しくともやり通せ」と言う
12. 父も熱心で仕事が終わったら見に来る
13. 喫煙については厳しく怒っている
14. 学校の指導に協力的
15. 「なんでそんなことするんじゃ」
16. 「オマエの問題だけで済まない」
17. 「クラブやコーチに迷惑かける」
18. 「いいかげんにしろ！」と大声で
19. とても熱心にAに関わり
20. 「とにかく学校にもクラブにも迷惑をかけるな」
21. 「勉強はせんでも、クラブだけは頑張れ」という

祖父（７０代？） ― **祖母（７０代？）**

父（４２歳）

妹（３歳）
1. 父の実子
2. 保育所通所
3. ３週間前に入院
4. 先週も入院した
5. 持病ではない

妹（４歳）
1. 父の実子
2. 保育所通所
3. しっかりした子
4. いつも妹と遊んでいる
5. Aになついている

Aくん（中１）
両親と同居
５人暮らし
国語 4/10
数学 4/10
社会 7/10
理科 3/10
英語 7/10
喫煙２回目

児童相談所ケースワーカー
1. Aの担当
2. 小１の時、一度、母と暮らしている

〈入学前のAの様子〉
1. 比較的落ち着いて生活をしていた
2. 自分に自信なく、自尊感情が低い
3. 児童養護施設では定期的にセラピーを受けていた
4. Aは家庭に帰ることに自信がなかった
5. 期待はしつつも、不安が大きい様子だった
6. 現在、セラピーは終了している
7. 母親は児童養護施設にいるAに「いつでも帰ってきていいよ」「Aのこと大好き」と手紙を送っていた

スクールカウンセラー
1. 定期的（２週間に一度）学校を訪問
2. 一度目の喫煙の後、Aから依頼があり面談

〈その時のAの様子〉
1. 最初は何も話そうとしなかった
2. しばらく野球の話をしていると
3. オレはバスケのほうが好き
4. 小学校のとき、ミニバスクラブに入っていた
5. 今は野球をやらなアカン
6. そのことを担任に話してもいい？ と聴くと
7. 「別にええけど、話しても意味ないし」と返事

点線で囲んだ部分が91ページの練習問題です。参考にしてください。Ａ３用紙に慣れてきたら、ホワイトボードに書いてみましょう。

90ページの「□5」以後に進みましょう。収束（赤）→活用（青）については、カラーページの写真を参考にしてください。

- 1 近所に住んでいる
- 2 Aの引き取りに反対（父談）
- 3 そんなに甘いもんじゃない
- 4 妹の保育園の送り迎えに時々
- 5 妹たちを可愛がっている

母（29歳）

- 1 再婚
- 2 Aの実父については不明
- 3 若くて養育力が低く
- 4 まわりに頼れる身内もおらず
- 5 Aを乳児院に預ける
- 6 4年前に現夫と再婚
- 7 Aを小1のときに引き取る
- 8 1年後にAは児童養護施設へ入所
- 9 その頃のAとの交流詳細は不明
- 10 妹出産を機に、現父が引き取りをすすめ
- 11 Aを引き取る手続きをした
- 12 しかし母はAの引き取りに積極的ではない
- 13 妹のことを可愛がっている（A談）
- 14 「女の子は育てやすい」と言う
- 15 Aが大人に発育していくことを「気持ち悪い」という（指導場面で）
- 16 Aの喫煙指導には「すいません」
- 17 「家でも厳しく怒ります」という
- 18 Aにも厳しく「ちゃんとしいや」
- 19 弁当を作るときと作らないときがある
- 20 Aに昼食代を渡すのを忘れるときがある
- 21 1学期の懇談では今までの分もしっかり育てますと母親から言っていた

- 1 授業態度悪く、教室の空気乱す
- 2 とにかく担任に反抗的
- 3 授業中、私語を注意するとにらむ
- 4 キッと鋭い目で担任をにらむ
- 5 その後も注意すると机に突っ伏す
- 6 とにかくヤル気ない
- 7 起きてるときはBと話をする
- 8 プリントの集中切れると話し始める
- 9 席の離れた野球部のBと大声
- 10 他の教科では、そんなことない
- 11 学活、国語の時間は特に反抗的
- 12 2回目の喫煙が昨日、見つかる
- 13 1回目は1カ月前
- 14 学校の隣の公園
- 15 放課後、野球部の先輩と喫煙
- 16 近隣住民からの通報で担任が行くと
- 17 「オレは吸ってない」と言い訳をする
- 18 制服はタバコ臭い
- 19 担任を「おばはん」と大声で呼ぶ
- 20 指導場面でも言い訳を繰り返す
- 21 担任が事実確認のため指導すると
- 22 表情が一瞬で変わり
- 23 いきなり担任に大声で叫び始めた
- 24 泣きながら大声で暴れだし
- 25 他の先生に取り押さえられ
- 26 しばらく押さえ込んで落ち着いた
- 27 児童養護施設（3～6歳）（7～12歳）
- 28 乳児院にもいた（0歳～2歳）
- 29 他市より引っ越し
- 30 本校は4月入学時から
- 31 1学期は特に問題なかった
- 32 授業中も普通
- 33 夏休みのクラブも出席
- 34 ランニング、球拾いも頑張った
- 35 野球は上手ではない
- 36 ホントはバスケをやりたいと言っていた
- 37 妹をとても可愛がっている
- 38 クラブは今もまじめにきている
- 39 監督には、丁寧に話ができる

- 1 いつもBが話しかける
- 2 「クラブ早めに行こうぜ」
- 3 「うん、行こうぜ」
- 4 「こら、静かにしなさい」
- 5 Bは笑ってゴメンと愛嬌ある
- 6 AはキッとにらむC

- 1 先輩と帰るとき
- 2 「オマエ、タバコもってこい」と言われ
- 3 父のたばこをくすねている
- 4 毎日、1本ずつくすねている
- 5 いっぺんにくすねたらバレル
- 6 父親、朝早く、夜は寝るの早い
- 7 お酒によって寝たときにクスネル
- 8 たまに、吸いガラも集めている

- 1 「タバコくすねることはいいことか？」
- 2 「オマエの父親は応援してるやろ？」
- 3 など言っても、Aは無言
- 4 「オマエも吸ってるんちがうんか」
- 5 「吸ってない」の一点張り
- 6 「オマエの制服はタバコ臭いやろ」
- 7 「オレは吸ってない」
- 8 「オマエの父親の気持ちわかるんか？」
- 9 突然、切れて泣きながら暴れだした

Lesson7　練習問題　中学1年生男児のケース

アセスメント　中学1年生男児の事例
……Ａくんの問題行動をめぐるストーリーの見立ての例

◎Ａくん

①児童養護施設を退園して、二度目の家族再統合のチャレンジ中です。母親の養育への関心の低さは、子育ての自信のなさなのか、ほかに由来するのか、もう少し詳しい情報とアセスメントが必要です。小学校入学時に、母子ともに再統合の失敗を体験しているので、２回目のチャレンジに期待以上の不安を感じてます。

②施設入所当時、母親からは毎月「Ａのこと大好き」「いつでも帰ってきていいよ」と手紙が届きますが、それは「手紙だから」で、実際の母親は、自分よりも妹を可愛がり、手紙の言葉と乖離(かいり)があることに、不安や反抗がありますが、表現できません。

③父親の強いモチベーションで家族再統合に至ったことを理解していて、父親の期待に答えること＝家族の一員になることと考えています。本当は、バスケットがしたいけど、父親の希望どおり野球部に入ることで、家族に加わろうとしてがんばっています。

④転校先は父親の地元なので、この地でうまくやっていくことも、父親に認められる一因になると考えているかもしれません。

⑤野球部の先輩から「タバコを持ってこい」の注文は、Ａくんを困らせています。毎晩、父親のタバコを１本ずつくすねることに強いプレッシャーを感じています。吸い殻は、必要数に足りないために集めるのかもしれません。

⑥授業中、大声で話し、注意指導を受けるときは、Ｂくんから話しかけています。タバコも含め、誘いを断れず応えてしまいます。断ると関係が切れるかもしれない不安が強い。相手の要求に応えることで関係の維持をはかろうとします。

⑦１学期は特に問題なく過ごし、担任との関係も良好でした。Ａくんも新しい地でがんばろうとしていましたが、２学期に入りエネルギーが枯渇してきた頃に、二度目のタバコ事件が発覚し、混乱を深めています。一度目の失敗がある分、追いつめられています。

⑧自分は父親やＢくん、先輩との関係を保つことに熱心なのに、その気持ちをわかってくれない。また、問題行動を先輩と同列に怒られることに不満を感じています。

⑨母親との愛着形成が十分ではない。立場的にも家庭内で、不満をぶつけることができず、女性教諭である担任に、母親の代わりに安定的な愛着形成を求めて愛情確認行動を強めている可能性が高いです。

◎母親

①若くしてＡくんを出産し、頼れる身内もないことから乳児院、児童養護施設にＡを預けています。

②小学校入学時に家族再統合の機会がありましたが、なんらかの事情で失敗に終わっています。この経験から、Ａくんの引き取りに意欲を失い、消極的になったのかもしれません。

③児童養護施設には、手紙を送っていました。面会状況など詳しく情報を集めると、母親とAくんのこれまでの親子関係をアセスメントできます。手紙の愛情表現と実際の態度に乖離があるのは、Aくんに興味、関心はあり、一定の距離を保てば「良い母親」でいることができます。しかし、思春期を迎え、心身ともに大人になっていくAくんにどのようにかかわればいいのかがわからず、混乱している様子が見えます。
④母親は、最終的にはAくんの引き取りに同意しています。妹２人の養育に問題がなければ、夫が同居していれば、ある程度の意欲をもちながら養育が可能と考えられます。
⑤Aくんの引き取りに関しては、夫に感謝もしているでしょうが、夫の母との関係などで大きなプレッシャーを感じています。これまでの家族４人の幸せが、Aくんを迎えることで不調になったときは、Aくんに対して攻撃を強める可能性があります。
⑥二女が入退院を繰り返し、家族の生活が変調しています。

◎父親
①Aくんの養育に熱心です。母親を説得する形でAくんを引き取り、家族再統合は父親のモチベーションで進んでいます。
②地元で安定した生活を送っています。Aくんが学校になじむため、強く野球部への入部を勧め、熱心にサポートしています。
③Aくんの喫煙などの問題行動を、自分の気持ちが通じていないと誤解する可能性があります。

◎担任の先生との関係
①安定しない母親の代わりに、愛情確認行動の対象となる可能性が高いです。担任が「自分のことをわかってくれない」と感じたときは、これまでの母親への不安や不満がフラッシュバックして過剰に反応する可能性があります。
②Aくんは強いプレッシャーのなかで生活していることが担任に伝わらず、担任もAくんがなぜ、自分に対してだけ反抗するのかよくわからず、お互いに混乱を深めています。

◎スクールカウンセラー
①Aくんは児童養護施設時代、定期的にセラピーを受けていることから、専門家への信頼や役割への理解をもっています。自分を否定せずに受容し、話を聴いてくれる存在を求めたことが、スクールカウンセラーへの依頼につながっています。
②バスケットがやりたかったなど、自分の本心を気軽に話せる関係として機能しています。

◎友達や先輩との関係
①「関係を保つためには、相手の要求に応える」体験的な学びが見てとれます。「断っても関係は終わらない」「応える以外にも方法がある」ことを体験的に学ぶ必要があります。
②特に問題行動以外で、友達とつながる方法の学びが少ないのかもしれません。

中学1年生男児の事例
……Aくんの支援・指導計画の一例

◎Aくん（まず前提として）

①Aくんが「今、精いっぱい、がんばっていること」（家族の一員に加わり、友達や先輩と関係を結ぼうと熱心なこと）を理解して気軽に話ができる大人を校内につくります。スクールカウンセラーは2週間に一度なので、不安や緊張が高まり、問題行動につながるリスクが高い時期は間に合わないこともあります。クールダウンも含めて、「不安が高まったら相談できる相手」を設けます。保健室や担任以外の先生が有効です。

②長く話す必要はありません。緩やかに教室やクラブに戻れるプロセスを大事にします。あらかじめ、Aくんには「不安が高まって困ったときは、〇〇先生のところに来ていいよ」と伝えておきます。また「10分くらいなら話ができる」ことも伝えておきます。

③クラスでは「振り返りジャーナル」に取り組みます。担任とクラス全員の生徒が、信頼ベースのチャンネルでつながるなかで、Aくんも担任とのつながりをもちます。

④「振り返りジャーナル」のテーマに、Aくんが「書きたい」「聴いてほしい」と思うことや「明るく、無邪気」なテーマを選択肢に盛り込みます。担任は短く、ポジティブなフィードバックを続けます。Aくんは、最初は書かないかもしれません。でもそれもOKです。毎日（あるいは国語の授業で）の生活に「大切な今日の一日」を振り返ることを積み重ね、担任と信頼ベースのチャンネルをつくります。

⑤国語の授業では、絵本や物語の読み聞かせをし、クラス全体でドキドキ、ワクワクするストーリーやエピソードを共有します。子どもたち同士の関係や、クラス全体を温めます。

⑥ボランティアを募り、AくんとBくんが一緒に活躍する場面をつくります。コンセプトは「自分の好きなことで人の役に立つこと」（会社活動）など、教室に自己有用感を高める活動があることが大事です。これはAくんだけでなく、クラス全員が同じです。

◎Aくん（問題行動への対応）

①タバコを盗み、先輩に渡すことは反社会的な問題行動であることを厳しく伝えます。

②その後は、なぜ、このような行動に出てしまうのか、オープン・クエスチョンで聴きながらAくんの思考を深めます。（1）家族に加わろうとしてがんばっていること、（2）学級やクラブになじもうとしていること、（3）タバコの無理な要求に困っていること、（4）担任の先生に「わかってほしい」気持ちが反抗を強めてしまうことなど。Aくんの言葉から行動の意味を翻訳し、Aくんにフィードバックすることで、一緒に整理します。

③先輩からの誘いを断るのは、中学生にとっては非常にむずかしいことなので、どうすれば断ることができるかを一緒に考えます。

　　例：先輩とは一緒に帰らないことを監督に命令してもらう
　　　　タバコや理不尽な要求があったときは、先生や父親に相談する

④Bが授業中に話しかけてきたときは、のらなくてもいいことを共有します。
　　例：短いサインや無言の変顔ギャグで返す方法を練習する
　　　　先生に怒られたあとは、にらむのではなく、「すみません」と言う練習をする

◎家庭（まず前提として）
①一筆箋で学校での「ポジティブな様子」を伝えます。クラブをがんばっていること、友達と楽しそうに教室で過ごしている様子を家庭に伝え、両親とAくんのポジティブな会話を促進します。通常は1人1学期に3回ですが、今は手厚い支援が必要な時期なので、5回を目標にします。
②「学級通信」を発行します。Aくんだけでなく、中学1年生は思春期、反抗期にさしかかり、子どもたちは親との会話が少なくなりがちです。子どもたちが学校で楽しそうに過ごしている具体的なエピソードや様子を「学級通信」で家庭と共有します。

◎父親
①Aくんの養育に熱心であることにポジティブなフィードバックをし、問題行動の背景や理由を翻訳して伝えます。けっしてAくんは父親を裏切ろうとしていないこと。逆にまわりになじもうとする気持ち、うまくやろうとする気持ちゆえの行動であることを翻訳して伝えます（例：管理職）。そのうえで、一緒にAくんを育てていきたい気持ちを確認します。
②Aくんの意志を尊重したうえで、バスケット部に変更するときには、「一緒に応援していきましょう！」と伝えます（例：野球部監督）。

◎母親
①妹の入院など、大変なこともあったけど、Aは妹のことを好きでよく面倒を見ていることについて、ポジティブなフィードバックをします（例：担任）。
②とはいえ、これまで十分な愛着形成ができていないので、Aくんは大人になる反面、「退行」し、妹に嫉妬して関係が悪くなる可能性もあります。施設に離れて暮らし、お互いにがんばってきたのだから「もうしばらくは、Aくんが甘えたいときは、甘えさせてあげてください」などAくんの行動を翻訳して伝えます（例：カウンセラー）。
③Aくんがお弁当を楽しみにしていることを伝え、無理なときはお金の準備をお願いします。
④まわりに同年代の母親がいないので、母親の相談相手をつくります（例：担任）。

◎担任　否定的なかかわりを減らし、クラスや授業が温かくなると、関係は安定します。

◎監督　楽しく、力強いチーム運営を心がけ、Aくんを励まし続けます。

中学1年生男児の事例
……Aくんの観察とその後

　まず、父親と管理職での話し合いをもち、Aくんが「家族の一員に加わろうとしてがんばっている気持ち」を翻訳して伝えました。症状は問題行動に見えても、Aくんはけっして父親を裏切ろうとしているのではないこと、彼なりにとても困っていることなどを伝えると、怒り顔の父親は涙を流して、自分の不安な気持ちを打ちあけてくれました。そして、一緒にAくんを育てていくことを共有しました。

　そのうえで、母親も同席のもと、Aくんの態度や行動の翻訳をカウンセラーから説明してもらいました。担任と母親は、Aくんの愛情確認行動の対象になることが多く、わかっていても落ち込んだり、腹がたったりするけれども一緒に乗り越えていくことを、笑顔で約束をしていました。母親は、不安なときは担任に連絡をすること。1カ月間は水曜日の放課後に30分話をし、必要なときはカウンセラーも同席することを約束しました。

　カウンセラーからクラブについて、Aくんの希望を聞くと「野球部を続ける」との返事でした。野球部の監督は、厳しく愛情をもってAくんを見守り、育てていくことを父親と話し合いました。また、もしAくんが野球部をやめたくなったときも、その選択をAくんの成長につなげて応援することを確認しました。

　タバコについては、ほとぼりが冷めた頃（平常時）に、1年、2年の学活でビデオ学習に取り組みました。喫煙の怖さについて学び、「振り返りジャーナル」に感想を書き、それを「学年通信」に掲載しました。タバコの常用が疑われる2年生はケース会議をもち、支援・指導計画をたて、Aくんにタバコを求めない作戦をたてました。そのひとつとして、クラブ監督から、一定期間の学年別下校を指示しました。

　Aくんは、「振り返りジャーナル」には、たくさんのことを書きません。また担任への不平・不満を書くことも多いのですが、担任は「愛情確認行動」と思いながら、安定的に笑って受け止めるようにしています。ポジティブなフィードバックを続けるうちに、Aくんとの関係もやわらかいものになりつつあります。まだまだ揺れますが、揺れる背景がわかるので、担任も見通しをもってラクに接することができています。国語の時間には、物語の読み聞かせを始めました。Aくんは積極的ではないですが、耳を傾けて楽しんでいる様子です。

　ホワイトボード・ミーティングを始めてからは、オープン・クエスチョンも上手に使うようになりました。Bくん以外の友達ともかかわる時間が増えてきて、少しずつクラスに馴染んでいます。文化祭の実行委員会にBくんと一緒に立候補するように誘ってみたところOKをしたので、小さな成功体験を積み上げる作戦をたてています。

よくある質問に答えます　Q&A

ここまで読んでいただき、ありがとうございます。よくあるご質問にお答えします！

Q 1人のケース会議に、時間をかけることはできません。どうしたらいいですか？

A❶ まずは「技術を身につける」ことを目標に練習しましょう。本書の事例を繰り返し練習していると、だんだん上手になります。そうなると情報を発散しているときに「あ、これはプレッシャーだな」「ここが過刺激になっている」「Aくんは、ここが困っているなあ」と見えてきて、時間が短縮されます。

A❷ 例えば、ある程度、情報を発散し、ホワイトボードやA３用紙に書いてから、会議や打ち合せを始めます。書いてある情報を読み上げて「ほかに追加情報があれば、何でもよいのでお願いします」からスタートしましょう。

A❸ 技術が身についてくると、日常的に子どもたちの様子をアセスメントしながら、授業や学級経営ができるようになります。プレッシャーを緩和するインストラクションをしたり、強みを強化したり、過刺激な反応を避けたり、体験的にOKを学び直すかかわりが日常化すると、ケース会議の必要性が減ります。

Q 支援・指導を考えるときに、NG（失敗体験）→ OK（成功体験）がむずかしいです。

A 第４階層の情報（動画モードでイメージできる）が不可欠です。例えば、中学男児事例では、95ページのAくんの**9-3**まで深めたら、「うん、行こうぜ」ではなく、「ニコッと笑顔でOKを出す」など授業のジャマにならない提案ができます。Aくんは、育ちのなかで人からの誘いを断ることに怖さがあるので、断らずに、授業のジャマにならずに返事をする方法を身につけることは、Aくんのその後の人生を支える学びになります。

Q どの情報を深めたらいいですか。また、後日、新しい情報が出てきたときは？

A❶ アセスメント支援スケールには、順番があります。❶生命、身体の危険が迫っているのに、授業での立ち歩きの情報を優先して深めるのは間違いです。アセスメント支援スケールを参考に優先度の高い場面の情報や特に気になる問題行動を第４階層まで深めます。慣れてくると、日常の情報収集のアンテナが磨かれます。

A❷ 転機を大切にします。❻言葉や態度の意味を翻訳し、ストーリーを見立てるとき、私たちの行動には、いくつかの転機があります。転機については、丁寧に深めてみると、問題行動のストーリーが見えてきます。ストーリーがつながらなければ、何かまだ、隠れている情報があります。情報を集める方針が立つことはトテモ大事です。

A❸ 情報が集まるとアセスメントも変わります。例えば「Aは父親がいるときはおとなしく、いないときは明るい」のであれば、Aは父親からなんらかのプレッシャーを受けているとアセスメントします。そのプレッシャーの理由は何か、いつ頃からかを見立てるには、前年度や兄弟姉妹の担任など情報が必要です。小さな情報も価値のある大切な情報です。

A❹ ケース会議で確定したアセスメントと支援・指導計画は、新しい情報や支援・指導の効果や課題があらわれたら、そのたびに再アセスメントします。ケース会議を再度、開催するときもあれば、管理職や学年の集まりだけで判断しながら動くようなこともあります。大きな方向性はケース会議で決め、日々の相談をする小さなチームも確認しておきましょう。

Q 職場で提案したいと思いますが、むずかしいです。どうしたらいいですか。

A まずは提案する前に、身近な2～3人で練習を積み重ねましょう。自分の技術を磨くこと。効果を共有できる仲間をつくること。まずは、そこからチャレンジです。

　最初は失敗、間違いOKです。自分の抱える困ったことを否定されずに、オープン・クエスチョンで聴きながら書いてもらうだけで気持ちはラクになり、解決策が浮かぶこともあります。職員室の片隅で横並びに座って、A3用紙を一緒に見ながら練習を重ねましょう。アセスメントは、第1段階の「困ったことを考える」、第2段階の①～⑤に取り組むだけでも、大きな意味があります。最初から全部に取り組む必要はありません。少しずつ上手になりましょう。

　そして、仲間と効果を共有できたら、本書を研修担当者や管理職にご紹介ください。「一緒に子どもを支援していきたい」「幸せな子ども時代を過ごせる学校をつくりたい」「職員室が一つのチームになりたい」気持ちは、濃淡はあっても実はみんながもっています。その具体的な方法があることを、本書を渡して伝えてください。問題が深刻になる前がおすすめです。

おわりに

　数年前、私はひとりの子どもの支援に全力を注いでいました。何かあったら即対応しながらも、見通しのない状況に焦りと不安を感じていました。ワラをもすがる思いのときに出会ったのが、TPC教育サポートセンターの峯本耕治弁護士と臨床心理士の井上序子さんでした。峯本さんは、「この子は、ここがプレッシャーだから、こう言ってあげるとラクになるよ」とアドバイスをくださいました。半信半疑ながらも、言葉どおりにしてみるとビックリするくらい、子どもはラクになり落ち着きました。いつも寄り添う私よりも、会ったこともない峯本さんのほうが圧倒的に子どもを理解している事実に驚きました。

　井上さんからは考え方のポイントをたくさん学びました。「困った子は、困っている」「強みを強化してあげて」「超スモールステップでちょうどいい。焦らないで」「ほめるのではなくエンパワーする」などなど。ホントにそのとおりでした。

　これが「アセスメント」という技術だと知ったとき、愕然としました。そして、まったくできてない自分に大きな無力感をもちながらも、「ここに方法がある！」と信じて学び、必死で「ホワイトボードケース会議」を編み出しました。TPC教育サポートセンターでの学びがなければ、この本はありませんでした。心からの感謝です。

　そして私は岩瀬直樹さんに出会います。アセスメントはできた。しかし、支援・指導計画として有効な具体策がない。探し求めていたときに、岩瀬さんの学級づくりに出会います。「これだ。これしかない」と思いました。そして、2人で対話を積み重ね、実践を編み込んで「信頼ベースの学級づくり」の提案を始めたのです。　　　──ちょんせいこ

　先生や子どもたちがファシリテーターに成長する教室は、子どもたちが無邪気に笑い、遊び、学び、ぶつかり、前に進む「幸せな子ども時代」を実現します。特に「子どもホワイトボード・ミーティング」で、子どもたちがファシリテーターに成長するプロセスは、クラス全員の子どもたちに力と可能性があることを教えてくれました。

　そして、私たちは、全国の仲間のみなさんと緩やかにつながりながら、進んでいきます。次はいよいよ『授業編』です。学校のなかで圧倒的な時間を占める授業のなかで、子どもたちが豊かにつながり、学び合える。そのためのシンプルな方法を提案する予定です。

　解放出版社の加藤登美子さん、イラストの天野勢津子さん、装丁の畑佐実さん、レイアウトの伊原秀夫さんには、いつもながらお世話になりました。ありがとうございます。宮浦利行さんには特別の感謝です。講座にご参加くださるみなさん、信頼ベースの学級づくりを共に進めるみなさん、一緒に進んでいきましょう。ここからがスタートです！

　　2012年3月3日　記念すべきドリル講座の日に　　　　　　岩瀬直樹　ちょんせいこ

岩瀬 直樹（いわせ なおき）

1970年生まれ。東京学芸大学卒業。埼玉県小学校教諭。ファシリテーター。学びの寺子屋「楽学」主宰。EFC（Educational Future Center）理事。西脇KAI所属。
信頼ベースのクラスづくりの実践、「読み」「書き」を中心にファシリテーションを活かした授業づくりに力を入れている。
著書に『「最高のチーム」になる！ クラスづくりの極意』（農文協）、『最高のクラスのつくり方』（小学館、子どもたちとの共著）、『作家の時間―「書く」ことが好きになる教え方・学び方［実践編］』（新評論、企画・共著）、『効果10倍の学びの技法』（PHP新書、共著）、『学級づくりの「困った！」に効くクラス活動の技』（小学館、共著）、『よくわかる学級ファシリテーション①―かかわりスキル編』『よくわかる学校ファシリテーション②―子どもホワイトボード・ミーティング編』（解放出版社、共著）などがある。
ブログ：いわせんの仕事部屋　http://d.hatena.ne.jp/iwasen/

ちょん せいこ

1965年生まれ。人まちファシリテーション工房代表。
大阪府在住。桃山学院大学卒業後、障がい者の作業所職員、NPO職員を経てファシリテーターになる。ホワイトボード・ミーティングを提唱し、主に会議や研修、事業推進におけるファシリテーター養成に取り組む。トレーニングには、ボランティア、NPO、自治体、システムエンジニア、ビジネスコンサルタントなど、多様な人が集まる。教育現場でも公開授業や研修を進めている。
著書に『人やまちが元気になるファシリテーター入門講座―17日で学ぶスキルとマインド』『学校が元気になるファシリテーター入門講座―15日で学ぶスキルとマインド』『元気になる会議―ホワイトボード・ミーティングのすすめ方』『よくわかる学級フアシリテーション①―かかわりスキル編』『よくわかる学校ファシリテーション②―子どもホワイトボード・ミーティング編』（いずれも解放出版社）がある。
http://www.eonet.ne.jp/~facilitator/

協力　TPC教育サポートセンター　峯本耕治（弁護士）　井上序子（臨床心理士）

よくわかる学級ファシリテーション・テキスト
――ホワイトボードケース会議編

2012年5月10日　初版第1刷発行
2013年10月5日　初版第2刷発行

著　者　岩瀬 直樹　ちょん せいこ
発　行　株式会社 解放出版社
　　　　552-0001 大阪市港区波除4-1-37　HRCビル3F
　　　　TEL 06-6581-8542　FAX 06-6581-8552
　　　　東京営業所　千代田区神田神保町2-23　アセンド神保町3F
　　　　TEL 03-5213-4771　FAX 03-3230-1600
　　　　振替 00900-4-75417　ホームページ http://kaihou-s.com
　　　　装幀　畑佐 実
　　　　本文イラスト　天野勢津子
　　　　本文レイアウト　伊原秀夫
印刷・製本　モリモト印刷株式会社

定価はカバーに表示しております。落丁・乱丁おとりかえします。
ISBN 978-4-7592-2152-7　NDC 370　103P　26cm